AUTORES:

JOSÉ MARÍA CAÑIZARES MÁRQUEZ
CARMEN CARBONERO CELIS

COLECCIÓN OPOSICIONES MAGISTERIO: EDUCACIÓN FÍSICA

LOS DEPORTES. CONCEPTO Y CLASIFICACIONES:
EL DEPORTE COMO ACTIVIDAD EDUCATIVA. DEPORTES INDIVIDUALES Y COLECTIVOS MÁS PRESENTES EN LA ESCUELA: ASPECTOS TÉCNICOS Y TÁCTICOS ELEMENTALES; SU DIDÁCTICA.
(VOLUMEN 14)

WANCEULEN
EDITORIAL DEPORTIVA

COLECCIÓN OPOSICIONES MAGISTERIO: EDUCACIÓN FÍSICA

VOLUMEN 14.
LOS DEPORTES. CONCEPTO Y CLASIFICACIONES. EL DEPORTE COMO ACTIVIDAD EDUCATIVA. DEPORTES INDIVIDUALES Y COLECTIVOS MÁS PRESENTES EN LA ESCUELA: ASPECTOS TÉCNICOS Y TÁCTICOS ELEMENTALES; SU DIDÁCTICA.

AUTORES

<u>José Mª Cañizares Márquez</u>

- Catedrático de Educación Física
- Tutor del Módulo del Practicum del Master de Secundaria
- Especialista en preparación de opositores
- Autor de numerosas obras sobre Educación y Preparación Física

<u>Carmen Carbonero Celis</u>

- D. E. A. en Instituciones Educativas
- Licenciada en Pedagogía
- Maestra de Primaria y Secundaria en centros de Educación Compensatoria
- Didacta presencial del Módulo de Pedagogía General en el CAP
- Profesora de Pedagogía Terapéutica en Centro Educación Primaria

Título: LOS DEPORTES. CONCEPTO Y CLASIFICACIONES. EL DEPORTE COMO ACTIVIDAD EDUCATIVA. DEPORTES INDIVIDUALES Y COLECTIVOS MÁS PRESENTES EN LA ESCUELA: ASPECTOS TÉCNICOS Y TÁCTICOS ELEMENTALES; SU DIDÁCTICA.

Autores: José Mª Cañizares Márquez y Carmen Carbonero Celis

Editorial: WANCEULEN EDITORIAL DEPORTIVA, S.L.

C/ Cristo del Desamparo y Abandono, 56   41006 SEVILLA

Dirección web: www.wanceulen.com

I.S.B.N.: 978-84-9993-485-3

Dep. Legal:

© **Copyright:** WANCEULEN EDITORIAL DEPORTIVA, S.L.

Primera Edición: Año 2016

Impreso en España:

Reservados todos los derechos. Queda prohibido reproducir, almacenar en sistemas de recuperación de la información y transmitir parte alguna de esta publicación, cualquiera que sea el medio empleado (electrónico, mecánico, fotocopia, impresión, grabación, etc), sin el permiso de los titulares de los derechos de propiedad intelectual. Cualquier forma de reproducción, distribución, comunicación pública o transformación de esta obra solo puede ser realizada con la autorización de sus titulares, salvo excepción prevista por la ley. Diríjase a CEDRO (Centro Español de Derechos Reprográficos, www.cedro.org) si necesita fotocopiar o escanear algún fragmento de esta obra.

ÍNDICE

Presentación de la Colección.

Introducción

1. ASPECTOS COMUNES A TENER EN CUENTA EN EL EXAMEN ESCRITO.

    1.1. Criterios de corrección y evaluación que siguen los tribunales.
    1.2. Consejos sobre cómo estudiar los temas. Estrategias.
    1.3. Recomendaciones para la realización del examen escrito. Estrategias.
    1.4. Modelo estandarizado de presentación de examen escrito.
    1.5. Partes estándares a todos los temas.

2. LOS DEPORTES. CONCEPTO Y CLASIFICACIONES. EL DEPORTE COMO ACTIVIDAD EDUCATIVA. DEPORTES INDIVIDUALES Y COLECTIVOS MÁS PRESENTES EN LA ESCUELA: ASPECTOS TÉCNICOS Y TÁCTICOS ELEMENTALES; SU DIDÁCTICA.

COLECCIÓN OPOSICIONES DE MAGISTERIO.
ESPECIALIDAD DE EDUCACIÓN FÍSICA

PRESENTACIÓN DE LA COLECCIÓN

Los autores, con muchos años de experiencia en la preparación de oposiciones, hemos plasmado en esta Colección multitud de argumentos y detalles con la finalidad de que cada persona interesada en acceder a la función pública conozca minuciosamente todos los pormenores de la preparación.

La Colección está compuesta por una treintena de volúmenes, de los que veinticinco están dedicados a otros tantos capítulos del temario, y los cinco restantes a cómo hacer y exponer oralmente la programación didáctica y las UU. DD., así como a resolver el examen práctico escrito.

Los destinados a los temas llevan incorporados unos aspectos comunes previos sobre cómo hay que estudiarlos y consejos acerca de cómo realizar el ejercicio escrito.

Los aplicados al examen oral: defensa de la programación y exposición de las U.D.I., también llevan un capítulo referente a cómo es mejor hacer la expresión verbal, el mensaje expresivo, el esquema en la pizarra, etc.

Es decir, los autores no nos hemos ceñido a publicar un temario para las dos pruebas escritas (tema y casos prácticos) y las dos orales (programación y unidades). Hemos querido hacer partícipe de las técnicas que hemos seguido estos años y que tan buen resultado nos han dado, sobre todo a quienes sacaron plaza merced a su propio esfuerzo. No obstante, debemos destacar un aspecto capital: ratio del tribunal, es decir, ¿con cuántos opositores me tengo que "pelear" para conseguir la plaza?

Ya podemos ir perfectamente preparados, que si un tribunal tiene dos plazas para dar y hay diez opositores con un diez... la suerte de tener una décima más o menos en la fase de concurso nos dará o quitará la plaza.

Por otro lado, es conocido que desde hace año en España tenemos diecisiete "leyes de educación", es decir, una por autonomía, además de la que es común para todos y que, como las autonómicas, depende del partido político que gobierne en ese momento. No podemos obviar que la Educación y todo lo que le rodea -incluidos opositores- es un aspecto más de la política, si bien entendemos debería ser justo lo contrario. La formación de nuestros hijos no debe estar en función de unas siglas de unos partidos políticos, porque cuando uno consigue el poder, elimina por sistema lo hecho por el anterior, esté mejor o peor. Ejemplos, por desgracia, hay muchos desde la LOGSE/1990. Así pues, abogamos por un Pacto Educativo que incluya, lógicamente, a opositores y al Sistema de Acceso a la Docencia.

Esto trae consigo que, forzosamente, debamos basarnos en una línea de elementos legislativos. En nuestro caso, además de la nacional, nos remitimos a la de Andalucía. Por ello, las personas opositoras que nos lean deberán adecuar las citas legislativas autonómicas que hagamos a las de la comunidad/es donde acuda a presentarse a las oposiciones docentes.

Para cualquier información corta, los autores estamos a disposición de las personas lectoras en:

oposicionedfisica@gmail.com

INTRODUCCIÓN

Este volumen tiene dos partes claramente diferenciadas:

a) Por un lado tratamos diversos aspectos comunes a todos los temas escritos. Es decir, nos centramos en cómo hay que estudiarlos a partir de los propios criterios de valoración del examen que indica la Consejería de Educación de la Junta de Andalucía, y que suelen ser similares a los de otras autonomías. También incluimos los criterios de otras comunidades, pero no de todas porque se nos haría interminable.

Esta parte también incluye una serie de consejos acerca de cómo estudiar los temas, cuestión que no es baladí porque el opositor está muy limitado por el tiempo disponible para realizarlo.

Esto nos lleva a siguiente punto, el "perfil" de cada opositor, su capacidad grafomotriz muy a tener en cuenta para que en el tiempo dado seamos capaces de tratar el tema elegido con una estructura adecuada a los criterios de evaluación que el tribunal va a usar en la corrección.

Es muy corriente el comentario de "mientras más sepas, más nota sacas y más posibilidades de obtener plaza tienes". Esto trae consigo, en muchas ocasiones, que el opositor se encuentre con "montañas de papeles" sin estructurar, sin saber si un documento reitera lo de otro, sin dominar la capacidad de síntesis ante tanto volumen de definiciones, clasificaciones, teorías, opiniones, etc.

La realidad es muy distinta. El opositor debe llevar preparado al menos veinticuatro documentos (para tener el 100% de que le va a salir en el sorteo un tema estudiado concienzudamente), con la información muy exacta de lo que le da tiempo a escribir correctamente desde todos los puntos: científico, legislativo, autores, estructura del propio examen, sintaxis, ortografía, etc.

Muchas veces nos han preguntado por el conocimiento de los tribunales, si están al día, etc. Nuestra respuesta ha sido siempre la misma: "sabrán más o menos de cada uno de los veinticinco temas, lo leerán con más o menos detenimiento, pero seguro que lo que más saben es corregir escritos porque lo hacen a diario en sus aulas, de ahí que debamos prestar la máxima atención a estos aspectos formales". Para ello añadimos al final una hoja-tipo.

Completamos este primer capítulo con una tabla de planificación semanal que debemos hacer desde un principio para "obligarnos" y seguirla con disciplina espartana, si de verdad queremos tener éxito.

b) Por otro, el Tema 14 totalmente actualizado a fecha de hoy. La persona opositora debe, una vez conozca el volumen de contenidos que es capaz de escribir, hacer un resumen equitativo de cada punto y "cuadrarlo" a su capacidad grafomotriz. A partir de aquí, a estudiarlo... pero escribiéndolo ya que la nota nos la van a poner por lo que escribamos y cómo expresemos esos contenidos. Pero, si en la comunidad donde nos examinemos, el escrito hay que leerlo al tribunal, de nuevo lo haremos, cuanto antes mejor, para ensayar la lectura y que determinadas palabras no se nos "atraganten".

CRITERIOS DE CORRECCIÓN Y EVALUACIÓN QUE SIGUEN LOS TRIBUNALES

Consideramos imprescindible saber **previamente** cómo nos va a evaluar el Tribunal para realizar el examen con respecto a los ítem que va a tener en cuenta. Aportamos varios **modelos** que han transcendido y que, básicamente, se diferencian en la **formulación** de las consideraciones y en su valoración, no en el **fondo**.

CRITERIOS DE EVALUACIÓN EN ANDALUCÍA.

La Consejería de Educación de la Junta de Andalucía informa a los sindicatos, en mayo de 2007, sobre un "borrador" de criterios de evaluación para el "Concurso Oposición al Cuerpo de Maestros 2007". Posteriormente, como pudimos comprobar esa convocatoria y las siguientes, estos criterios se hicieron "firmes".

Transcribimos literalmente los cinco puntos a considerar sobre el tema escrito:

CRITERIOS GENERALES TEMA ESCRITO

Estructura del tema.

a) Presenta un índice.
b) Justifica la importancia del tema.
c) Hace una introducción del mismo.
d) Expone sus repercusiones en el currículum y en el sistema educativo.
e) Elabora una conclusión acorde con el planteamiento del tema.

Contenidos específicos.

a) Adapta los contenidos al tema.
b) Secuencia de manera lógica y clara sus apartados.
c) Argumenta los contenidos.
d) Profundiza en los mismos.
e) Hace referencia al contexto escolar.

Expresión.

a) Muestra fluidez en la redacción.
b) Hace un uso correcto del lenguaje, con una buena construcción semántica.
c) Emplea de forma adecuada el lenguaje técnico.

Presentación.

a) Presenta el escrito con limpieza y claridad.
b) Utiliza un formato adecuado teniendo en cuenta el apartado 4 del artículo 7.4.1. de la Orden de 24 de marzo de 2007, BOJA nº 60 del 26/03/2007.
Nota: Se refiere a aspectos formales tales como no firmar el examen, entregarlo en un sobre con etiquetas, etc.

Bibliografía/Documentación.

a) Fundamenta los contenidos con autores o bibliografía.
b) Sitúa el tema en el marco legislativo pertinente.

La Consejería de Educación de la Junta de Andalucía informa a los sindicatos, en **junio de 2015**, sobre los criterios de evaluación para el "Concurso Oposición al Cuerpo de Maestros 2015". Transcribimos literalmente los cuatro puntos a considerar sobre el tema escrito:

**CRITERIOS GENERALES A TENER EN CUENTA
EN LA CORRECCIÓN DEL TEMA ESCRITO <u>(JUNIO 2015)</u>.**

1. Estructura del tema.

    a) Secuencia de manera lógica y clara cada uno de los apartados del tema
    b) Expone con claridad

2. Contenidos.

    a) Argumenta y justifica científicamente los contenidos
    b) Conoce y tarta con profundidad el tema
    c) Realiza una transposición didáctica de la teoría expuesta a la práctica
    d) Fundamenta los contenidos con autores y bibliografía que realmente hagan referencia al contenido en cuestión, así como a la normativa vigente

3. Expresión.

    a) Redacta con fluidez
    b) Usa correctamente el lenguaje y presenta una adecuada construcción sintáctica
    c) Usa con propiedad el lenguaje técnico específico de la especialidad
    d) No se aprecian divagaciones, reiteraciones, etc.

4. Presentación.

    a) El ejercicio es legible: no hay que estar deduciendo qué quiere decir ni traduciendo el texto
    b) Se observa limpieza y claridad en el ejercicio
    c) Usa un formato adecuado

CRITERIOS GENERALES A TENER EN CUENTA EN LA CORRECCIÓN DEL TEMA ESCRITO
(Comunidad de Castilla-La Mancha)

Los criterios de evaluación del tema escrito (Comunidad de Castilla-La Mancha), que tuvieron los tribunales en cuenta en la convocatoria de 2007 y que fueron establecidos por la Comisión de Selección de la Especialidad de Educación Física, son:

CRITERIOS PARA EVALUAR EL TEMA ESCRITO. PARTE "A"	Puntuación
1.- Introducción, justificación, índice y mapa conceptual.	(MÁXIMO 1,5 puntos)
2.- Contenidos específicos	
2.1.-Trata todos los epígrafes del tema. 2.2.- Adecuación de los contenidos al tema. Los contenidos se ajustan al tema. 2.3.- Profundización de los mismos. 2.4.- Organización lógica y clara en cada punto. Atendiendo al índice. 2.5.- Argumentación de los contenidos. 2.6.- Referencia al contexto escolar. 2.7.-Relaciona con otros temas del currículum. 2.8.- Originalidad y creatividad en el tema.	(MÁXIMO 6,5 puntos)
3.-Bibliografía	
3.1.- Bibliografía específica del tema. Cita autores y hace referencias bibliográficas. 3.2.- Aspectos legislativos. Hace referencia a la legislación nacional y autonómica.	(MÁXIMO 0,75 puntos)
4.- Conclusión y valoración personal	(MÁXIMO 0,75 puntos)
5.- Aspectos formales. Presentación, estructura, organización, uso de vocabulario técnico.	(MÁXIMO 0,5 puntos)
6.- Errores	
a. Divagaciones b. Faltas de ortografía c. Errores garrafales	SE VALORARÁ NEGATIVAMENTE POR PARTE DEL TRIBUNAL
Total	10 Puntos.

OTROS CRITERIOS GENERALES A TENER EN CUENTA EN LA CORRECCIÓN DEL TEMA ESCRITO

Otros tribunales siguieron unos criterios de evaluación del examen escrito como los que ahora reflejamos

CRITERIOS PARA EVALUAR EL TEMA ESCRITO			
1	Introducción, índice y mapa conceptual		Máximo 1 punto
2	Nivel de contenidos		Máximo 5 puntos
	2.1.	Trata todos los epígrafes del tema	
	2.2.	Los contenidos se ajustan al temario	
	2.3.	Relaciona con otros temas del curriculum	
	2.4.	Hace referencia a la legislación nacional y autonómica	
	2.5.	Cita autores y/o referencias bibliográficas	
3	Aspectos formales: presentación, estructura, organización, vocabulario y ortografía		Máximo 3 puntos
4	Conclusión, valoración personal y bibliografía		Máximo 1 punto

Esta tabla tuvo su origen en la Convocatoria de Castilla La Mancha hace unos años. Sus criterios siguen vigentes.

Cuadro resumen de los Criterios de Evaluación	Temas A

1.- Contenidos específicos
  a. Adecuación de los contenidos al tema.
  b. Profundización de los mismos.
  c. Organización lógica y clara en cada punto (Índice).
  d. Argumentación de los contenidos.
  e. Referencia al contexto escolar.
  f. Originalidad y creatividad en el tema.
	2,75 puntos

2.- Introducción y conclusión
  a. Justificación de la importancia del tema.
  b. Repercusiones en nuestra área y en el Sistema Educativo.
  c. Buena introducción del tema.
  d. Conclusión.
	0,5 puntos

3.- Expresión
  a. Fluidez del discurso.
  b. Buena redacción, sin errores sintácticos, redundancias...
  c. Uso del lenguaje técnico.
	1 puntos

4.- Presentación
  a. Limpieza y claridad.
  b. Formato con variedad de recursos (gráficos, sangrías, diferenciación entre títulos, subtítulos, contenidos, esquema, etc.)
	0,5 puntos

5.-Bibliografía
  a. Bibliografía específica del tema.
  b. Aspectos legislativos.
	0,25 puntos

Penalizaciones
  a. Divagaciones
  b. Faltas de ortografía
  c. Errores garrafales
	A restar según criterio del propio tribunal

Totales	5 Ptos.

En **2013**, la Convocatoria de Primaria en **Castilla-La Mancha** incluían estos **criterios**:

PARTE 1B *DESARROLLO DE UN TEMA DE LA ESPECIALIDAD*	PESO ESPECÍFICO
1. Estructurar el tema de forma coherente, secuenciada, justificada y equitativa con todos los apartados.	15%
2. En relación a los contenidos desarrollados, responder al tema planteado, adaptándose al currículum, con aportaciones teórico-prácticas, siendo funcional para la práctica docente.	40%
3. Ser original y creativo en el desarrollo del tema, estableciendo conexiones con otros contenidos del currículum, con aportaciones personales fundamentadas que revelan la creación propia e inédita del mismo.	15%
4. El tema será afín a unas bases teóricas, a una fundamentación científica de la que parte el currículum, al tiempo que aporta ideas nuevas.	5%
5. Mostrar una lectura fluida y comprensible, con una actitud transmisora y un desarrollo expositivo que se ciñan al tema.	15%

En la Convocatoria de **Secundaria** de **Andalucía** de **2016**, los criterios o "indicadores" a tener en cuenta por los tribunales para el examen escrito, son:

INDICADORES

- ESTRUCTURA DEL TEMA:

- Índice (adecuado al título del tema y bien estructurado y secuenciado).
- Introducción (justificación e importancia del tema).
- Desarrollo de todos los apartados recogidos en el título e índice.
- Conclusión (síntesis, donde se relacionan todos los apartados del tema).
- Bibliografía (cita fuentes diversas, actualizadas y fidedignas).

- EXPRESIÓN Y PRESENTACIÓN:

- Fluidez en redacción, adecuada expresión escrita: ortografía y gramática.
- Riqueza y corrección léxica y gramatical (IDIOMAS).
- Limpieza y claridad.

- CONTENIDOS ESPECÍFICOS DEL TEMA:

- Nivel de profundización y actualización de los contenidos.
- Valoración o juicio crítico y fundamentado de los contenidos.
- Ilustra los contenidos con ejemplos, esquemas, gráficos…
- Secuencia lógica y ordenada.
- Uso correcto y actualizado del lenguaje técnico.

CONSEJOS SOBRE CÓMO ESTUDIAR LOS TEMAS. ESTRATEGIAS.

Exponemos una serie de consejos que solemos dar a nuestros opositores:

- Cada uno tiene un "método" que ha experimentado durante su vida de estudiante, sobre todo a nivel universitario, de ahí que nuestra influencia sea relativa. No obstante, muchos nos reconocen que *"nunca hemos estudiado en profundidad hasta comenzar a prepararnos las oposiciones"*.

- Reconocemos que hay **múltiples** formas de estudio. Hemos tenido opositores que necesitaban estar tumbados, otros sentados y en total silencio, otros tenían que tener forzosamente una tenue música de fondo, etc. Es decir, existen muchas maneras con más o menos **dependencia/independencia de campo**.

- Unos precisan **luz** natural, otros luz blanca o azul, con flexo cercano o con la de la lámpara del techo...

- Hay quien prefiere estudiar a base de **resúmenes** hechos en un procesador de textos y otros, en cambio, tenían que estar a mano.

- Muchos prefieren **grabar** verbalmente los contenidos para reproducirlos cuando viaja, corre, nada o anda y así aprovechar estos "tiempos muertos".

- Otros requieren **gráficos** y mapas conceptuales. Incluso, hemos tenido los que preferían hacer un póster-esquema y colgarlo a la pared para leerlo de pie...

- Otro grupo lo conforman aquellos que prefieren subrayar o señalar los puntos clave con rotulador marcador tipo fluorescente, otros a lápiz... Eso sí, lo señalado debe tener encadenamiento o cohesión interna para verterlo, ya redactado, en el examen, de ahí que **debamos estudiar escribiendo**, porque el examen escrito trata de ello.

- Debemos usar bolígrafos de gel por ser más rápidos en su trazo y papel tamaño A4, que es el que nos van a proporcionar el día del examen. Ojo a los tipos de **bolígrafos permitidos** por los tribunales, debemos estar muy atentos a lo que nos dicen el día de la **presentación**. Independientemente de ello, debemos acostumbrarnos a poner el folio directamente sobre la superficie dura de la mesa, ya que así la velocidad de escritura es superior que si lo situamos encima de otros folios porque éstos hacen que el espacio de apoyo nos frene por ser más blando. Un **reloj** para controlarnos los tiempos es imprescindible también.

- En cualquier caso, no sería bueno estudiar más de dos horas seguidas, sobre todo si estamos sentados. Ello, normalmente, acarrea contracturas dorso-lumbares, en los miembros inferiores, etc. con el consiguiente dolor y molestia. Lo mismo podemos decir a nivel de nuestra visión.

- Realizar **actividad física o deportiva** varias veces a la semana es muy aconsejable por simple razón de compensación y revitalización personal.

- Es bueno, pues, cada dos horas aproximadamente, hacer un **alto horario** de 8-10 minutos para despejarnos mentalmente y estirarnos físicamente. Beber **agua** y la ingesta de **fruta** suele ser positivo. Esto es extensible al día del examen de la oposición.

- No obstante, si la convocatoria nos dice que el escrito durará más de este tiempo, debemos paulatinamente aumentar las dos horas hasta llegar al **tope** marcado.

- Siempre recomendamos realizar una **planificación** semanal personalizada, que regule nuestro **tiempo** destinado al estudio (avance y repaso de los temas del escrito, casos prácticos, exposición oral), al trabajo, deporte, ocio, obligaciones familiares, etc. Ver tabla/ejemplo en la página siguiente.

- **¿Cuánto tiempo dedicar al estudio?** No podemos dar "recetas" pues depende del nivel previo de cada opositor. Hay quien trae excelentes aprendizajes previos de la carrera y hay quien ese nivel lo trae demasiado básico. Otros ya tienen experiencias en oposiciones, etc. Así pues cada uno debe auto regularse en función de sus capacidades y sus circunstancias personales. Genéricamente podemos indicar que, al menos, 4-6 horas/día divididas por un descanso de 10-15 minutos puede ser un estándar adecuado. A partir de ahí, personalizar en función del avance o no obtenido.

- Siempre debemos tener un "**molde personal**" en función de la capacidad grafomotriz, habida cuenta el **ahorro** de tiempo y energía que nos supone seguir esta estrategia.

- De cualquier forma, debemos respetar el dicho popular "*lo que no se recuerda, no se sabe*", de ahí **memorizar comprensivamente** lo más significativo.

- La **memoria**, al igual que ocurre con la condición física, se mejora ejercitándola con frecuencia.

- Tan importante es memorizar un tema nuevo como no olvidar los ya aprendidos, por lo que es necesario **consolidar**, repasando, lo estudiado. Comprobar que dominamos temas anteriores mejora nuestra capacidad de auto concepto.

- De ahí la importancia de estudiar teniendo delante nuestro **resumen personalizado** y olvidarnos de aumentar los contenidos del tema porque, además de crearnos inquietudes, posiblemente no podamos reflejar todo lo que sabemos en el tiempo que tenemos de examen.

Mostramos en el siguiente **gráfico** un claro y rápido ejemplo de cómo auto planificarse el estudio durante la semana a partir de tres **módulos** diarios:

EJEMPLO DE PLANIFICACIÓN SEMANAL-TIPO
Combinación de estudio-repaso-programación-UU.DD.-prácticos-trabajo profesional-descanso

LUNES	MARTES	MIÉRCOLES	JUEVES	VIERNES	SÁBADO	DOMINGO
MAÑANA	MAÑANA	MAÑANA	MAÑANA	MAÑANA	MAÑANA	MAÑANA
TRABAJO	Estudio tema nuevo semana	TRABAJO	Repaso tema nuevo	TRABAJO	Casos Prácticos	Libre
TRABAJO	Estudio tema nuevo semana	TRABAJO	Programación	TRABAJO	Casos Prácticos	Libre
TARDE	TARDE	TARDE	TARDE	TARDE	TARDE	TARDE
Estudio tema nuevo semana	Programación	Repaso temas anteriores	UU. DD.-U.D.I.	Sesión de clase con preparador	Repaso temas anteriores	Repaso temas anteriores

RECOMENDACIONES PARA LA REALIZACIÓN DEL EXAMEN ESCRITO. ESTRATEGIAS.

NOTA: Muchos de los consejos que ahora damos, sobre todo los relacionados con la presentación, escritura, etc. son también aplicables a la realización por escrito de los casos prácticos, si los hubiera.

En las convocatorias anteriores se ha comprobado que la mayoría de aprobados en el examen escrito tenían **buena letra**, además de contenidos notables. Efectivamente, entre los criterios de evaluación que utilizan los tribunales hay algunos puntos destinados a la **presentación** que no podemos desechar. Incluso, si la Orden de la Convocatoria indica que el opositor deberá **leer** su propio **examen** ante el tribunal, éste suele comprobar posteriormente su estructura, sintaxis, ortografía, etc.

No llegar a tiempo a los llamamientos supone la primera **precaución** a tomar. En ocasiones, las instalaciones donde se celebran las oposiciones se ven saturadas desde varios kilómetros antes de llegar. A ello hay que sumar el tiempo para aparcar, buscar el aula asignada, etc. **Llegar tarde** puede suponer la **no presentación** y la consiguiente **eliminación**.

Gracias a las observaciones hechas por los tribunales de años anteriores y por los criterios de evaluación que han transcendido, estamos en disposición de apuntar una serie de anotaciones a considerar por las personas opositoras durante su periodo de preparación con nosotros. Habitualmente los tribunales reservan parte de la nota total para los **aspectos "formales"** del examen, que ahora comentamos. Esto es de vital importancia porque dos opositores con igual cantidad y calidad de contenidos, sacará mejor nota quien mejor lo presente. Ante ello, reservar algunos minutos para poder **revisar** el examen antes de entregarlo, teniendo en cuenta lo siguiente

- Nadie aprueba con **mala letra**. Igual decimos de la presentación y limpieza.
- Esto lo hacemos extensivo a las faltas de **ortografía**, acentuación, mala **sintaxis**, incorrecciones **semánticas**, **expresión** y **redacción**, **vulgarismos**, **repetir la misma palabra** continuadamente, **tachones**, suciedad, etc. No podemos "escribir igual que hablamos". También, no poner el número del tema elegido o su título. Otro error habitual es el mal uso de los puntos, bien seguido, bien aparte.
- Debemos escribir por **una carilla** -al menos que el tribunal indique otra cosa- con letra más bien grande para facilitar su lectura. No poner detalles como "no recuerdo..."; "creo que..."; "no me da tiempo..."; "me parece que es...".
- La **media** de **folios** (carillas o páginas) que suelen hacer nuestros preparados están entre **14 y 16**, con **17-22 renglones** cada una (20 lo habitual) y **9 palabras/renglón,** teniendo en consideración unos **márgenes laterales** y **superior e inferior** de 2 a 2'5 centímetros. No obstante, conforme avanza la preparación y la habilidad para escribir este tipo de examen, hay quien aumenta el volumen de páginas de manera significativa, pero siempre manteniendo y respetando los criterios de evaluación que suelen tener los tribunales: letra, limpieza, construcción semántica, ortografía, etc. Si preferimos escribirlo en un procesador de textos, como puede ser "Word", el número de palabras suele estar alrededor de las 2400-2700, aproximadamente.
- Los **renglones** deben ser **paralelos** y siempre con el mismo **interlineado**. En caso de tener problemas para hacerlo, podemos llevarnos una **plantilla** ya hecha, como una hoja tamaño folio de cuaderno de rayas, o bien hacerla allí

mismo con lápiz y regla. Si tampoco pudiese ser (a veces los tribunales han hecho especial hincapié en "no entrar con plantilla, regla, etc."), nos esmeraríamos en la realización de la primera página, aunque tardásemos más tiempo, y ésta nos serviría como "falsilla" o planilla de renglones. Otro "**truco**" es hacerla a partir del **DNI** al que previamente le hemos hecho unas señales minúsculas con la anchura que deseamos. Éste nos sustituiría a la regla.

- No se puede ser "loco o loca" escribiendo. Para ello es importante el **entrenamiento** durante el periodo de preparación. De ahí surge la **automatización** de todos estos aspectos, además del sangrado, márgenes, etc. No poner abreviaturas.
- Por otro lado debemos **numerar** las hojas, incluso algunos lo hacen poniendo "1 de 15; 2 de 15…".
- La utilización de **dos colores** de tinta **no** suele estar **permitido**, como tampoco subrayados para señalizar los títulos, epígrafes, ideas fundamentales, etc., al menos que el tribunal exprese lo contrario. En todo caso, **preguntar** al tribunal antes de empezar si es posible su uso, así como de tippex. También si se pueden poner gráficos, flechas, tablas, etc., si el tribunal lo permite, pero la Orden de la Convocatoria suele prohibirlo por considerarlo posible "**señal**". Un **bolígrafo** tipo **gel** y apoyarnos sobre un **superficie dura** para que éste se deslice mejor, nos permite mayor velocidad de escritura manteniendo su calidad. Quienes suelen hacer tachaduras, previendo que no les dejen usar tippex, pueden optar por un **bolígrafo borrable por fricción** (marca Pilot o similar) que elimina cualquier rastro de su propia tinta. No obstante, determinados "bolígrafos rápidos" que se basan en tinta tipo gel, suelen ser peor para opositores **zurdos**, por razones obvias. Recordamos la necesidad de seguir exactamente las **instrucciones** que nos dé el tribunal al respecto, habida cuenta tenemos experiencias sobre la **anulación** de exámenes por el uso de este tipo de herramienta de escritura.
- No olvidemos que la mayoría de los títulos de los temas tienen tres puntos, por lo que debemos **dividir** la totalidad de materia que escribamos en tres partes similares. De esa forma, evitamos exponer mucho contenido de una parte en perjuicio de otra. Así pues, normalmente haremos tres puntos con varios sub-puntos cada uno buscando la conexión entre los mismos. Además, pondremos el **índice** al principio, tras el título, **introducción**, **conclusiones**, **bibliografía** -que incluye la legislación- y webgrafía. En **resumen**, queda muy bien, limpio y "amplio", la estructuración del examen de esta manera:

    - **Título** del Tema. 1ª página. Mayúsculas y en una única página.
    - **Índice**. 2ª página. En una sola página.
    - **Introducción**. 3ª y 4ª página. Debe tener cierta peculiaridad con objeto de atraer la curiosidad del corrector. Nombrar los descriptores del título y en cada uno dar una o dos referencias del mismo. Podemos "presentarlo" a través de su importancia en el currículo y citar sus referencias legislativas. Usar, preferentemente, dos páginas.
    - **Apartados o descriptores** y los sub-apartados. 5ª página. Es el eje alrededor del cual gira la nota relativa a los contenidos. Incluye definiciones, clasificaciones, teorías, líneas metodológicas, referencias curriculares, aplicaciones prácticas, actividades, etc., todo ello citando a autores y normativa que luego quedarán reflejados en la bibliografía, pero con una redacción técnica. En cualquier caso debemos marcar claramente cuándo finalizamos el primer punto y comenzamos el siguiente. Si somos "olvidadizos", podemos dejar un interlineado relativamente amplio por si nos acordamos después de algún detalle olvidado y deseamos incorporarlo sin tachones.

- **Conclusiones** Lo más notable que hemos tratado, los puntos clave. Al ser lo último que el corrector lee, deben estar muy cuidadas porque puede influir decisivamente en la nota.
- **Bibliografía**. Reseñar algún libro "comodín" y de los autores nombrados anteriormente. También la legislación significada
- **Webgrafía**. Alguna general, como revistas digitales, o especifica.

En cualquier caso, es **imprescindible** conocer los **criterios de evaluación** que van a seguir los tribunales, máxime si son públicos, como viene ocurriendo en varias comunidades autónomas, y en Andalucía de forma más concreta, tal y como hemos citado en el capítulos anteriores. Debemos, pues, hacer caso de ellos y citar o desarrollar todos los **aspectos** que los criterios mencionan.

Precisamente, el tiempo no lo podemos "regalar" ni despreciar, por lo que si terminamos el examen y aún quedan cinco o diez minutos, debemos **repasar** lo escrito por si se nos ha olvidado algo relevante o no hemos puesto la debida atención a las faltas gramaticales, sesgos sexistas, escritura con "códigos SMS", etc. Así pues, debemos agotar el tiempo subsanando cualquier error.

Si la preparación ha sido buena, nada más hacerse el sorteo de los temas, debemos decidirnos por uno. Inmediatamente nos concentramos y empezamos a desarrollarlo, porque debemos ya tener "**automatizada**" su escritura. Si empezamos a dudar, comenzamos a perder el escaso tiempo que nos dan.

En caso de haber estudiado con "**esquemas**", lo mejor sería hacernos uno en sucio para usarlo como guía en la redacción del examen. Este folio nos sirve también para tomar notas, para ir estructurando el tema, etc. Pero, repetimos, la escritura del tema debemos tenerla automatizada porque si no perdemos el tiempo. Esta hoja la destruiríamos al terminar.

Si hemos preparado una introducción, conclusiones, bibliografía y webgrafía "estándar", podemos irlas escribiendo en el llamado "**tiempo perdido**" que suele haber desde que nos dan los folios hasta que sortean los números de los temas. Después podemos añadir los rasgos específicos del tema ya elegido.

Nuestros preparados suelen preguntarnos por la expresión a usar. Aconsejamos el "**plural mayestático**" (*nosotros, ahora vemos, podemos seguir, observamos*, etc.)

Otro aspecto importante es la **elección** del tema de entre los sorteados. Debemos hacer el que dominemos mejor, el que ya lo hayamos escrito muchas veces durante la preparación, el que nos garantice escribir más folios, en suma, el que nos dé más seguridad.

No olvidar llevarse **agua** y alguna pieza de **fruta**. Normalmente a finales de junio suele hacer mucho **calor** y la sensación de éste aumenta con la tensión del examen.

Ahora adjuntamos una **hoja con un resumen** de los **aspectos formales** del examen escrito del tema, aunque aplicable también a la redacción de los **casos prácticos**.

MODELO ESTÁNDAR DE PRESENTACIÓN PARA PRUEBA ESCRITA

2.- COORDINACIÓN Y EQUILIBRIO EN LA INICIACIÓN AL FÚTBOL ESCOLAR

2.1. CONCEPTUALIZACIONES PRELIMINARES.

Desde un primer momento es adecuado tener en cuenta que cualquier movimiento, por mínimo que sea, requiere coordinación y equilibrio adecuados. Por ejemplo, abrir y cerrar una mano conlleva que una serie de grupos musculares realicen (agonistas) la acción y que otros se relajen (antagonistas) para que aquéllos puedan actuar, así como que otros grupos estabilicen (fijadores) los de la muñeca para que lo anterior pueda tener lugar (Téllez, 2014).

La coordinación nos permite hacer lo pensado, es decir, realizar la imagen mental que nos hemos hecho, el esquema motor. Está íntimamente ligada a las habilidades y destrezas básicas a través de su relación con la coordinación dinámico general y la coordinación óculo-segmentaria, respectivamente (Mateos y Garriga, 2015).

Precisamente, las edades porpias de la Primaria son las más críticas para el desarrollo de las capacidades coordinativas (Bugallal, 2011).

Si nos fijamos atentamente en un partido de fútbol podemos observar numerosas acciones diferentes y que, mal hechas, pueden producir lesiones, como dejinses:

 a) Carreras
 b) Saltos
 c) Giros
 d) Lanzamientos

Todos ellos con infinidad de VARIANTES. Para que todos esos gestos "salgan bien" havrá habrá sido necesario un director que regule todos los mov. Esta es la función del sistema nervioso.

PARTES ESTÁNDARES A TODOS LOS TEMAS.

Muchas de las personas que preparamos tienen **problemas** por la falta de tiempo o de, simplemente, por ser poco capaces de aprender **introducciones, conclusiones, bibliografías, legislación y webgrafía** de cada uno de los temas.

Uno de los **remedios** para no "castigar" la memoria es confeccionarse unos "**estándares**" o "**comunes**" que den servicio a estos apartados.

Si a ello le unimos la racionalidad en la confección del Índice, a partir de los tres o cuatro apartados o descriptores del título del tema, hemos ahorrado un esfuerzo a nuestra memoria.

Así pues, vamos a dar una serie de **consejos** para que cada persona lectora los elabore de una forma sencilla pero eficaz unos textos usuales, si bien deberíamos a continuación podríamos **complementarlos** con unos **rasgos específicos** del tema que, prácticamente, nos vienen dado por el **título** del tema que nos escribirá el tribunal en la pizarra de la sala de examen. Por ejemplo, si la Introducción la hacemos en dos páginas, los aspectos comunes pueden suponer entre el 60-75 %, es decir, página y un tercio de la siguiente. Si la Conclusión la hacemos en una única, las tres cuartas partes podemos dedicarla a los textos estandarizados y el resto a los concretos del tema escrito.

INTRODUCCIONES COMUNES A TODOS LOS TEMAS

Cuando hemos hablado con los componentes de los tribunales, habitualmente nos indican que suelen fijarse en el "detalle" de si el opositor ha puesto desde el principio o no **referencias** a la **legislación actual**, debido a que suelen entender que cualquier tema debe redactarse **a partir** de las leyes educativas, decretos y órdenes que las desarrollan. Así pues, debemos hacer mención, **respetando su jerarquía**, de:

- Ley Orgánica 8/2013, de 9 de diciembre, para la mejora de la calidad educativa (LOMCE). B.O.E. nº 295, de 10/12/2013.
- Ley Orgánica 2/2006, de 3 de mayo, de Educación (LOE). B.O.E. nº 106 del 04/06/2006. (Modificada por la LOMCE/2013).
- Ley 17/2007, de 10 de diciembre, de Educación en Andalucía. B.O.J.A. nº 252, de 26/12/2007.
- M. E. C. (2014). *Real Decreto 126/2014, de 28 de febrero, por el que se establece el currículo básico de la Educación Primaria.* B. O. E. nº 52, de 01/03/2014.
- M.E.C. (2015). *Orden ECD/65/2015, de 21 de enero, por la que se describen las relaciones entre las competencias, los contenidos y los criterios de evaluación de la educación primaria, la educación secundaria obligatoria y el bachillerato.* B.O.E. nº 25, de 29/01/2015.
- JUNTA DE ANDALUCÍA (2015). *Decreto 97/2015, de 3 de marzo, por el que se establece la ordenación y el currículo de la educación Primaria en la comunidad Autónoma de Andalucía.* BOJA nº 50 de 13/013/2015.
- JUNTA DE ANDALUCÍA (2015). *Orden de 17 de marzo de 2015, por la que se desarrolla el currículo correspondiente a la educación Primaria en Andalucía.* BOJA nº 60 de 27/03/2015.

No obstante, entendemos que sería un buen detalle **citar** también a las **Competencias Clave**, habida cuenta su importancia a partir de la publicación de la LOE/2006, actualizada por la LOMCE/2013.

Igualmente podemos hacer mención a la legislación correspondiente a la evaluación o a la relacionada con la atención a la **diversidad**, pero tanto texto no nos cabe, de ahí la necesidad de **sintetizar** la información que consideremos más representativa.

Otra línea es plasmar alguna "**frase hecha**", como "*enseñar Educación física con éxito supone diseñar una programación coherente con el contexto, disponer de un amplio abanico de estrategias didácticas, generar un clima de clase que invite al aprendizaje, utilizar adecuadamente los recursos materiales y tecnológicos e integrar la evaluación en el proceso de aprendizaje*" (Blázquez y otros, 2010).

Otro ejemplo puede ser: "*Uno de los fines genéricos que persigue la Educación Física escolar es el de favorecer la ubicación personal del alumno/a en la sociedad, en una cultura corporal donde la escuela proporcione al alumnado los medios apropiados para su acceso y, en consecuencia, conseguir los beneficios que de ella pueden conseguir: desarrollo personal; equilibrio psicofísico; mejorar la salud; disfrutar del tiempo de ocio; etc., así como el desarrollo de la autonomía personal ante las influencias que imponen los nuevos mitos sociales*". "*El cuerpo y el movimiento como ejes básicos de nuestra acción educativa*"; "*el área de Educación Física se muestra sensible a los acelerados cambios que experimenta la sociedad…*"; "*la importancia de las relaciones interpersonales que se generan alrededor de la actividad física permiten incidir en la asunción de valores como el respeto, la aceptación, la cooperación…*", procedentes de legislaciones pasadas, pero de plena actualidad por la temática expresada.

Posteriormente, en la Introducción debemos hacer referencias a la materia que trata el tema elegido, lo que antes hemos referenciado como "rasgos específicos". Esto nos resulta fácil con un poco de práctica, simplemente comentando una o dos líneas a partir del título del tema que el tribunal detalla en la pizarra. No obstante, el sentido de lo que expresemos debe ir encaminado a lo que "vamos a tratar en el desarrollo del tema…"

CONCLUSIONES COMUNES A TODOS LOS TEMAS

Si en las introducciones se basan en lo que "vamos a estudiar en el tema…", con las Conclusiones ocurre al contrario: "a lo largo del tema hemos visto (escrito, estudiado, tratado, etc.) la importancia de…" Para ello podemos **actuar** como antes, es decir, un par de **párrafos comunes** a todas las temáticas. Por ejemplo, "la trascendencia del conocimiento del propio cuerpo, vivenciándolo y disfrutándolo, además de respetarlo". Otra posibilidad es incluir un párrafo basándonos en algunos ejemplos de estos textos **estandarizados**:

"*Todos los niños y niñas tienen el derecho a una educación de calidad que permita su desarrollo integro de sus posibilidades intelectuales, físicas, psicológicas, sociales y afectivas*" (Decreto 328/2010). "*Entendemos la etapa de primaria como fundamental para el desarrollo de las capacidades motrices del alumnado y donde el docente debe observar las deficiencias de éstos para corregirlas lo más rápidamente posible*".

En Andalucía, la O. 17/03/2015, indica que: "*la Educación Física es un área en la que se optimizan las capacidades y habilidades motrices sin olvidar el cuidado del cuerpo, salud y la utilización constructiva del ocio. En Educación física se producen relaciones de cooperación y colaboración, en las que el entorno puede ser estable o variable, para conseguir un objetivo o resolver una situación. La atención selectiva, la interpretación de las acciones de otras personas, la previsión y anticipación de las propias acciones teniendo en cuenta las estrategias colectivas, el respeto de las normas, la resolución de problemas, el trabajo en grupo, la necesidad de organizar y adaptar las respuestas a las variaciones del entorno, la posibilidad de conexión con otras áreas, el juego como herramienta primordial, la imaginación y creatividad".*

Posteriormente plasmamos algunos rasgos de lo más característico que hemos escrito durante la redacción del tema escogido. Realmente se trata de que destaquemos lo más trascendental de cada uno de los apartados de los descriptores del título, pero con información nueva, expresando que "a lo largo del tema hemos visto la importancia de..." o "hemos indicado en la redacción del tema los conceptos, clasificaciones, didáctica de...".

BIBLIOGRAFÍA COMÚN A TODOS LOS TEMAS

Hay quien diferencia **bibliografía** de **legislación**. Nosotros, al estar ambos documentos en formato papel, lo **unificamos**.

Evidentemente cada tema tiene una serie de volúmenes principales o monográficos de apoyo, pero también está muy claro que hay una serie de **libros generales de didáctica** que vienen muy bien tenerlos en cuenta para ponerlos en la mayoría de los temas. Son las publicaciones que habitualmente se manejan en las facultades de Magisterio. Los tribunales suelen valorar más ediciones de los **últimos años**, aunque siempre habrá libros "clásicos", sobre todo las **monografías** de conocidos autores y que son muy **específicas** de los **temas**. Por ejemplo, Delgado Noguera en temas relacionados con la metodología y organización; Blázquez con evaluación y con la iniciación deportiva; Rigal en motricidad, etc.

Algunos ejemplos de bibliografía **común**, es decir, libros que prácticamente en su totalidad tratan **todas** las **materias** de los veinticinco temas, son:

ADAME, Z. y GUTIÉRREZ DELGADO, M. (2009). *Educación Física y su Didáctica. Manual de Programación*. Fondo Editorial de la Fundación San Pablo Andalucía CEU. Sevilla.

ARRÁEZ, J. M.; LÓPEZ, J. M.; ORTIZ, Mª M. y TORRES, J. (1995). *Aspectos básicos de la Educación Física en Primaria. Manual para el Maestro*. Wanceulen. Sevilla.

BLÁZQUEZ, D.; CAPLLONCH, M.; GONZÁLEZ, C.; LLEIXÁ, T.; (2010). *Didáctica de la Educación Física. Formación del profesorado*. Graó. Barcelona.

CAÑIZARES, J. Mª y CARBONERO, C. (2009). *Currículum de Educación Física en Primaria para Andalucía*. Wanceulen. Sevilla.

CAÑIZARES, J. Mª y CARBONERO, C. (2009). *Currículum de Educación Física en Primaria*. Wanceulen. Sevilla.

CHINCHILLA, J. L. y ZAGALAZ, M. L. (2002). *Didáctica de la Educación Física*. CCS. Madrid.

CONTRERAS, O. R. y GARCÍA, L. M. (2011). *Didáctica de la Educación Física. Enseñanza de los contenidos desde el constructivismo*. Síntesis. Madrid.

CONTRERAS, O. y CUEVAS, R. (2011). *Las Competencias Básicas desde la Educación Física*. INDE, Barcelona.

FERNÁNDEZ GARCÍA, E. -coord.- (2002). *Didáctica de la Educación Física en la Educación Primaria*. Síntesis. Madrid.

FERNÁNDEZ GARCÍA, E. -coord.- CECCHINI, J. A. y ZAGALAZ, Mª L. (2002). *Didáctica de la educación física en la educación primaria*. Síntesis. Madrid.

GALERA, A. D. (2001). *Manual de didáctica de la educación física. Una perspectiva constructivista moderada*. Vol. I y II. Paidós. Barcelona.

GIL MORALES, P. (2001). *Metodología didáctica de las actividades físicas y deportivas*. Fundación Vipren. Cádiz.

SÁENZ-LÓPEZ, P. (2002). *La Educación Física y su Didáctica*. Wanceulen. Sevilla.

SÁNCHEZ BAÑUELOS, F. (1996) *Bases para una Didáctica de la Educación Física y los Deportes*. Gymnos. Madrid.

SÁNCHEZ BAÑUELOS, F. y FERNÁNDEZ, E. -coords.- (2003). *Didáctica de la Educación Física para Primaria*. Prentice Hall.

SÁNCHEZ GARRIDO, D. y CÓRDOBA, E. (2010). *Manual docente para la autoformación en competencias básicas*. C.E.J.A. Málaga.

VICIANA, J. (2002). *Planificar en Educación Física*. INDE. Barcelona.

VILLADA, P. y VIZUETE, M. (2002). *Los Fundamentos teóricos-didácticos de la Educación Física*. Secretaría General Técnica del M. E. C. D. Madrid.

VV. AA. (2008). *Colección de manuales de atención al alumnado con necesidades específicas de apoyo educativo*. (10 volúmenes). C. E. J. A. Sevilla.

ZAGALAZ, Mª L.; CACHÓN, J.; LARA, A. (2014). *Fundamentos de la programación de Educación Física en Primaria*. Síntesis. Madrid.

Esta relación, o parte de ella, no debe aparecer en exclusiva. Antes que nada debemos recordar que es muy conveniente **reseñar autores y año** de publicación **durante** la **redacción** de los diversos apartados o descriptores. Esto, obviamente, nos obliga a incluirlos en la bibliografía "específica" de cada tema. Por ejemplo, en los temas relacionados con la psicomotricidad (7 – 9 – 10 – 11) recomendamos citar a:

RIGAL, R. (2006). *Educación motriz y educación psicomotriz en Preescolar y Primaria*. INDE. Barcelona.

SASSANO, M. (2015). *El cuerpo como origen del tiempo y del espacio. Enfoques desde la Psicomotricidad*. Miño y Dávila editores. Buenos Aires.

TAMARIT, A. (2016). *Desarrollo cognitivo y motor*. Síntesis. Madrid.

Hay una serie de **documentos legislativos** "obligatorios" porque, entre otras cosas, los hemos debido referir en el examen escrito. Además, debemos reseñar otros **específicos** de los temas. Por ejemplo, si tratamos la "evaluación", debemos anotar la Orden de 4 de noviembre de 2015, por la que se establece la ordenación de la evaluación del proceso de aprendizaje del alumnado de educación Primaria en la Comunidad Autónoma de Andalucía.

La legislación general ya la hemos indicado en el apartado anterior sobre "Introducciones comunes", aunque referida a Andalucía. **Cada persona opositora debe adecuarla a la comunidad autónoma donde se presente.**

WEBGRAFÍA COMÚN A TODOS LOS TEMAS

Hoy día muchas de nuestras fuentes consultadas se encuentran en **Internet**, de ahí que debamos señalar algunas **webs fiables**. Nos inclinamos por revistas electrónicas de prestigio en la didáctica general y en la educación física en particular, así como a los portales de las propias **consejerías** de educación de la comunidades autónomas. Todas ofrecen recursos didácticos, experiencias... y legislación aplicada.

Algunos ejemplos, son:

http://www.agrega2.es
http://recursos.cnice.mec.es/ecfisica/
http://www.ite.educacion.es/es/recursos
http://www.educarm.es/admin/recursosEducativos#nogo
www.juntadeandalucia.es/educacion/descargasrecursos/curriculo-primaria/index.html
http://www.gobiernodecanarias.org/educacion/webdgoie/
http://www.educarex.es/web/guest/apoyo-a-la-docencia
http://www.catedu.es/webcatedu/index.php/recursosdidacticos
http://www.adideandalucia.es

TEMA 14

LOS DEPORTES. CONCEPTO Y CLASIFICACIONES. EL DEPORTE COMO ACTIVIDAD EDUCATIVA. DEPORTES INDIVIDUALES Y COLECTIVOS MÁS PRESENTES EN LA ESCUELA: ASPECTOS TÉCNICOS Y TÁCTICOS ELEMENTALES; SU DIDÁCTICA.

ÍNDICE

INTRODUCCIÓN

1. **LOS DEPORTES. CONCEPTO Y CLASIFICACIONES.**

    1.1. Concepto. Definiciones.

    1.2. Clasificaciones.

2. **EL DEPORTE COMO ACTIVIDAD EDUCATIVA.**

    2.1. El deporte, derecho de niñas y niños.

    2.2. El deporte en el Diseño Curricular.

    2.3. Aportaciones educativas del deporte.

3. **DEPORTES INDIVIDUALES Y COLECTIVOS MÁS PRESENTES EN LA ESCUELA: ASPECTOS TÉCNICOS Y TÁCTICOS MÁS ELEMENTALES; SU DIDÁCTICA.**

    3.1. Deportes individuales. Aspectos técnicos y tácticos elementales. Su didáctica.

        3.1.1. Su didáctica.

    3.2. Deportes colectivos. Aspectos técnicos y tácticos elementales. Su didáctica.

        3.2.1. Su didáctica.

CONCLUSIONES

BIBLIOGRAFÍA

WEBGRAFÍA

INTRODUCCION

Es complejo establecer la frontera entre algunos juegos y deportes, pues muchos de los deportes actuales fueron juegos del pasado y si nos proyectamos hacia el futuro es probable que algunos de los juegos, que hoy consideramos simples pasatiempos, adquieran la categoría de deporte (Paredes, 2003).

El R. D. 126/2014 especifica la importancia del juego y el deporte en nuestra área, así como sus aspectos educativos. También nos sugiere efectuar la iniciación deportiva al final de la Etapa, si antes el alumnado ha realizado correctamente los aprendizajes previos. Para ello se basa en la mejora motriz, en las relaciones socioafectivas, en sus valores y en la utilización del juego pre-deportivo y deportivo durante el tiempo libre para que éste sea saludable, aunque de lo que no cabe duda es que tanto juego como deporte son las líneas más comunes de entender la Educación Física en nuestro contexto social.

A lo largo del Tema veremos que el deporte es un fenómeno muy estudiado, prueba de ello son las numerosas definiciones, clasificaciones y puntos de vista distintos sobre la iniciación.

También incidiremos en los múltiples valores humanistas y educativos que tiene el deporte, siempre y cuando realicemos su iniciación de manera acecuada y saludable (Turro, 2013).

El deporte en la escuela está muy mediatizado por los recursos espaciales y materiales existentes, así como la posibilidad de que el alumnado lo practique en el tercer tiempo pedagógico, en las escuelas deportivas y pre-deportivas organizadas en el propio centro.

En los últimos años la metodología de la enseñanza deportiva ha progresado mucho, pasando de las concepciones tradicionales y analíticas a otras globales que tienen como eje el juego simplificado (Bengué, 2005). Debemos considerar las constantes que, formando parte de los deportes de equipo, nos permiten estudiar las diferentes posibilidades de construir una estructura pedagógica para la iniciación deportiva (Blázquez, 2013).

1. LOS DEPORTES, CONCEPTO Y CLASIFICACIONES.

Son muchos los conceptos y clasificaciones existentes en la bibliografía especializada. Las primeras definiciones tuvieron un carácter más restrictivo que la de los últimos tiempos, porque éstas tienen una concepción más amplia, abierta e integradora, distinguiendo el deporte que practican escolares, adultos y alta competición (Giménez, 2003).

1.1. CONCEPTO. DEFINICIONES.

El concepto de deporte ha ido evolucionando durante los últimos años, pero hay un conjunto de **características** que se han mantenido: **reglas** fijas estandarizadas, **competición**, **esfuerzo** físico y un **organismo** organizador de toda la estructura deportiva (Castejón, 2003). En el deporte, que para muchos tiene su origen moderno en Inglaterra (siglos XVIII y XIX), hay necesidad de organizar campeonatos, comparar resultados y establecer clasificaciones.

El Barón Pierre de Coubertin lo define como *"iniciativa, perseverancia, intensidad, búsqueda del perfeccionamiento, menosprecio del peligro"* (Giménez, 2003).

López Franco (2004), cita la definición de Cagigal (1979): *"Diversión liberal, espontánea, desinteresada, expansión del espíritu y del cuerpo, generalmente en forma de lucha, por medio de ejercicio físicos más o menos sometidos a reglas"*.

Gómez Mora, (2003) *"actividad lúdica sujeta a reglas fijas y controladas por organismos internacionales que se practica de forma individual y colectiva"*.

Hernández Moreno (1995) y Sáenz-López (2002) resumen varias definiciones reduciéndolas a estas cinco características de índole **externa**:

DEPORTE	**Juego**: Todos los deportes nacen como juegos, con carácter lúdico
	Situación motriz: Implican ejercicio físico y motricidad más compleja
	Competitivo: Superar marcas o al adversario
	Reglas: Son codificadas, estandarizadas e internacionales
	Institucionalizada: Está regido por instituciones oficiales, federaciones.

Todos los autores están de acuerdo en que durante la Enseñanza Obligatoria se debe tender a un deporte de tipo **educativo**, **recreativo** y **saludable**.

1.2. CLASIFICACIONES.

Son **múltiples** las clasificaciones existentes, todas ellas con normas propias y, en la mayoría de los casos, no coincidentes, pero todas tienen la finalidad de clarificar y situar los diferentes deportes en un marco de referencia. Los autores eligen multitud de **criterios** (Paredes, 2003). Por ejemplo:

- Las **capacidades** que se consideran más solicitadas por los participantes: deporte de fuerza, destreza, resistencia, velocidad y coordinación.

- Los **instrumentos utilizados**: balón, raqueta, deportes mecánicos...

- El **lugar de práctica**: al aire libre, patio, deportes de sala o de terrenos pequeños.

- La **naturaleza del substrato**: deporte de nieve o hielo, deportes aéreos o náuticos...

- El **número de participantes**: deporte individual, deporte colectivo, deporte de adversario.

Vemos algunas de las **clasificaciones más significativas:**

a) **Parlebas** (1988), del I.N.S.E.P. de París, considera cualquier **situación motriz** como un régimen de interacción global entre el **individuo** que se mueve, el **entorno** físico y los otros **participantes** (compañeros y contrarios). El factor "clave" es la noción de **incertidumbre** (inseguridad, inquietud) y que puede estar causada por los tres elementos anteriores.

Cuando no existe incertidumbre, porque el ejecutante actúa en solitario (salto de longitud), las denomina "*situaciones psicomotrices*". En cambio, cuando el individuo depende para su acción de la incertidumbre que provoca el medio físico (esquí), los contrarios (bádminton) o los compañeros y adversarios (fútbol), las llama "*situaciones sociomotrices*":

b) **Hernández Moreno** (1995), basándose en Parlebas, clasifica los deportes en cuatro grupos:

- Deportes **Psicomotrices** o individuales. Por ejemplo, los que usan un medio fijo (lanzamiento de disco) o fluctuante (windsurf).
- Deportes de **Oposición**. Son los individuales con enfrentamiento, por ejemplo tenis single.
- Deportes de **Cooperación**. Cuando participan dos o más compañeros sin adversarios. En un entorno fijo tenemos a patinaje por parejas y en uno fluctuante a la escalada.
- Deportes de **Cooperación-Oposición**. Cuando un equipo de dos o más jugadores se enfrenta a otro de sus mismas características. Por ejemplo, tenis dobles, baloncesto, etc.

c) **Riera** (1985 y 2005), los clasifica en:

- Deportes con Oposición:
    - Sin Cooperación (Judo)
    - Con Cooperación (Baloncesto)
- Deportes sin Oposición:
    - Sin Cooperación (Slalom especial en Esquí)
    - Con Cooperación (K-2 en Piragüismo)

d) **Blázquez** (2001), los clasifica en:

- Deporte educativo; deporte recreativo y deporte institucional.

e) Clasificación "**tradicional**". Es la normal en muchos estamentos: Individuales (atletismo o natación), Colectivos (baloncesto) y de Adversario (boxeo o tenis).

f) Ellis (en Werner y Almond, 1990):

- Deportes de **Territorio**: a) Portería: Fútbol, Hockey. b) Línea de marca: Rugby.
- Deportes de **Diana**: a) Con oponente: petanca. b) Sin oponente: Bowling.
- Deportes de **Sala**: a) Dividida: Tenis de Mesa. b) Con pared: Frontón.
- Deportes de **Campo abierto**: a) Rombo: Beisbol. B) Oval: Criquet.

g) Thorpe, Bunker y Almond

- Deportes de **Invasión**: Rugby, waterpolo, fútbol...
- Deportes de **Red/Pared**: Bádminton, tenis / Frontón, squash...
- Deportes de **Campo/Carrera**: Beisbol, criquet...
- Deportes de **Diana**: Golf, billar, bowling...

h) Zagalaz, Cachón y Lara (2014), establecen una clasificación "comparativa": individuales y colectivos; escolar y extraescolar; competitivo y educativo; reglado y alternativo; de espectador y de acción; para la guerra y para la paz; para todos y de aventura y riesgo; de tierra, agua y aire.

i) Clasificación "**educativa**". No podemos dejar de mencionar a otros "tipos" de deportes que, desde un punto de vista **educativo**, son muy importantes en Primaria (Cañizares y Carbonero, 2007):

- **Deporte Adaptado**: Con vistas a la iniciación escolar, se puede adecuar según los objetivos y el alumnado participante. Por ejemplo, modificación de los recursos espaciales, materiales o personales, el reglamento, los participantes, etc. Se subdivide en dos:
    - Deporte "Reducido": (Los "minis"). Son muy adecuados para los escolares que se inician al deporte. Se restringen muchos elementos para facilitar su práctica, por ejemplo peso y tamaño del balón, dimensiones de terrenos y porterías, etc. Es el caso de fútbol-7, mini-basket, minivoleibol, etc. Está reconocido por las federaciones y tienen sus campeonatos oficiales. Es la "cantera".
    - Deporte "Especial": Tiene un gran auge a partir de los llamados "Specials Olimpics", tras los JJ.OO. de Barcelona-92, y gracias al mecenazgo de la O.N.C.E. y otras organizaciones sin ánimo de lucro (ONGs). Está adaptado a las necesidades especiales -discapacidades físicas, psíquicas o sensoriales- de quienes participan. Hoy día están en plena evolución y estudio. Así, baloncesto en silla de ruedas, boccia o petanca para paralíticos cerebrales, etc.
- **Juegos Predeportivos**: No son deportes como tal, pero de gran valor educativo y didáctico hacia la iniciación, sobre todo en **Primaria**. Son todos aquellos que tienen las características de los deportivos (competitivos, motrices y reglas más o menos complejas), pero que no están regulados por ninguna federación. El reglamento (dimensiones, tiempo de juego, etc.) está acomodado al contexto del grupo. Por ejemplo, el "Balón-Tiro", Balón-Torre", "Diez pases", etc.

No obstante lo anterior, existen **otras** clasificaciones. Podemos mencionar las de Bouchard (1974), Durand (1976), Matveiev (1981), Blázquez (1986), Read y Devís (1990).

2. EL DEPORTE COMO ACTIVIDAD EDUCATIVA.

Desde un prisma histórico, el juego competitivo ha tenido un papel muy importante. Ya desde tiempos remotos se integró en la conciencia individual y colectiva de cualquier sociedad, pasando a formar parte de su patrimonio cultural. Hoy día, siglo XXI, el deporte es el fenómeno cultural más importante (Soriano, 2015).

Además, son las actividades por las que el alumnado muestra más interés y le dedica más tiempo fuera del horario escolar (Castejón y otros, 2013). Un deporte es educativo cuando permite el desarrollo de sus aptitudes motrices y psicomotrices, en relación a los aspectos afectivos, cognitivos y sociales de su personalidad (Le Boulch, 1991). De hecho, la actividad deportiva de iniciación es muy común como contenido en los llamados "**recreos inteligentes**".

La celebración de la Olimpiada de Barcelona-92 fue el detonante que hizo **incorporar** definitivamente el deporte a la **escuela**, incluyendo el "deporte especial". No obstante, en nuestra región debemos señalar que los numerosos eventos que tienen lugar en Andalucía suponen un catalizador para nuestro alumnado. Por ejemplo, los Juegos del Mediterráneo (Almería-2005) y los numerosos campeonatos europeos y mundiales ya celebrados y los que tendrán lugar en los próximos años.

La actividad deportiva sólo puede acceder a niveles educativos cuando en su planteamiento tenga como referencia a la persona que la realiza y no el posible resultado (Seirul.l.o, 1995). El objetivo no es el deporte, sino quién lo practica; no el movimiento, sino el escolar que se mueve; no el deporte, sino el deportista (Blázquez, 1995).

Por último, señalar la importancia de los medios de comunicación, la **televisión** sobre todo, en la divulgación de los grandes eventos deportivos y la **captación** que de ellos hacen nuestros alumnos y alumnas, así como los portales de Internet que son de índole deportiva.

Para que un deporte sea educativo y contribuya a la formación del alumnado debe tener una serie de características (Feu e Ibáñez, 2001):

- Ausencia de discriminación
- Que fomente la autonomía personal
- Que le sirva para dar contenido al tiempo de ocio y vacacional
- Que la competición esté orientada al proceso y no a conseguir la victoria por encima de todo
- Posea una práctica divertida
- Favorezca la comunicación, creatividad y expresión
- Sea saludable y cree también estos hábitos
- Aumente la habilidad motriz y la condición física
- Enseñe a valorar y respetar las capacidades propias y las de los demás
- Permita la reflexión y la toma de decisiones

2.1. EL DEPORTE, DERECHO DE NIÑAS Y NIÑOS.

La Convención de **Naciones Unidas** sobre los Derechos del Niño (1989) se reconoce el derecho a dedicarse al juego y a actividades recreativas propias de su edad y al fomento de la organización y adecuación de medios apropiados para su ejercicio en condiciones de igualdad para un mejor desarrollo de sus facultades físicas y anímicas, intelectuales, artísticas y éticas.

La **Carta Europea del Deporte** (1992) entiende por deporte "*cualquier forma de actividad física que, a través de una participación organizada o no, tiene por objetivo la expresión o la mejoría de la condición física y psíquica, el desarrollo de las relaciones sociales o la obtención de resultados en competición de todos los niveles*".

El **Manifiesto Europeo sobre los Jóvenes y el Deporte**, recomendación del Comité de Ministros de la Unión Europea adoptada el 12/10/1995, recoge en su artículo tercero: "El deporte en todas sus formas será accesible a todos los jóvenes sin discriminación alguna, ofrecerá posibilidades iguales a chicas y chicos y tendrá en cuenta cualquier exigencia particular de cada tramo de edad o de cada grupo que tenga necesidades específicas (Soriano, 2015).

2.2. EL DEPORTE EN EL DISEÑO CURRICULAR.

El R.D. 126/2014 cuando se refiere a los cinco **elementos curriculares** de la programación, hace referencia a las situaciones que se producen en la actividad deportiva individual, de oposición y colectivos:

*a) **Acciones motrices individuales en entornos estables**: suelen basarse en modelos técnicos de ejecución en los que resulta decisiva la capacidad de ajuste para lograr conductas motrices cada vez más eficaces, optimizar la realización, gestionar el* *riesgo y alcanzar soltura en las acciones. Este tipo de situaciones se suelen presentar en las actividades de desarrollo del esquema corporal, de adquisición de habilidades individuales, la preparación física de forma individual, el atletismo, la natación y la gimnasia en algunos de sus aspectos, entre otros.*

*b) **Acciones motrices en situaciones de oposición**. En estas situaciones resulta imprescindible la interpretación correcta de las acciones de un oponente, la selección acertada de la acción, la oportunidad del momento de llevarla a cabo, y la ejecución de dicha decisión. La atención, la anticipación y la previsión de las consecuencias de las propias acciones en el marco del objetivo de superar al contrario, son algunas de las facultades implicadas. A estas situaciones corresponden los juegos de uno contra uno, los juegos de lucha, el judo, el bádminton, el tenis, el mini-tenis y el tenis de mesa, entre otros.*

*c) **Acciones motrices en situaciones de cooperación, con o sin oposición**. En estas situaciones se producen relaciones de cooperación y colaboración con otros participantes en entornos estables para conseguir un objetivo, pudiéndose producir que las relaciones de colaboración tengan como objetivo el de superar la oposición de otro grupo. La atención selectiva, la interpretación de las acciones del resto de los participantes, la previsión y anticipación de las propias acciones atendiendo a las estrategias colectivas, el respeto a las normas, la capacidad de estructuración espacio-temporal, la resolución de problemas y el trabajo en grupo, son capacidades que adquieren una dimensión significativa en estas situaciones; además de la presión que pueda suponer el grado de oposición de adversarios en el caso de que la haya. Juegos tradicionales, actividades adaptadas del mundo del circo, como acrobacias o malabares en grupo; deportes como el patinaje por parejas, los relevos en línea, la gimnasia en grupo, y deportes adaptados, juegos en grupo; deportes colectivos como baloncesto, balonmano, béisbol, rugby, fútbol y voleibol, entre otros, son actividades que pertenecen a este grupo.*

La **O. 17/03/2015**, indica en su **Introducción** que *"fomentar el deporte escolar como práctica deportiva que se programa y desarrolla desde el centro educativo requiere el fomento de esa práctica desde un **enfoque lúdico-recreativo**, donde predomina el desarrollo de **valores** educativos como la **cooperación-colaboración**, la **coeducación**, la **solidaridad**, la igualdad de oportunidades. A partir del diseño, desarrollo y evaluación de juegos y actividades de carácter cooperativo y de cooperación-oposición aumentaremos la participación del alumnado en condiciones de igualdad de sexo, **reduciendo la competitividad** y aumentando el grado de **autonomía** del alumnado, así como la **creatividad** en los juegos y actividades que se desarrollan"*.

De los demás **elementos** curriculares, destacamos:

a) **Competencias Clave**:

El área de Educación física contribuye de manera esencial al desarrollo de las **competencias sociales y cívicas**. Las características de la Educación física, sobre todo las relativas al entorno en el que se desarrolla y a la dinámica de las clases, la hacen propicia para la educación de habilidades sociales, cuando la intervención educativa incide en este aspecto. Las actividades físicas y en especial las que se realizan colectivamente son un medio eficaz para facilitar la relación, la integración, el respeto y la interrelación entre iguales, a la vez que contribuyen al desarrollo de la cooperación solidaria.

La Educación física ayuda a la consecución de la competencia del **sentido de iniciativa y espíritu emprendedor** en la medida en que emplaza al alumnado a tomar decisiones con progresiva autonomía en situaciones en las que debe manifestar auto superación, perseverancia y actitud positiva. También lo hace, si se le da protagonismo al alumnado en aspectos de organización individual y colectiva de las actividades físicas, deportivas y expresivas. El juego motor aporta a la consecución de esta competencia estas habilidades esenciales: capacidad de análisis; capacidades de planificación, organización, gestión y toma de decisiones; capacidad de adaptación al cambio y resolución de problemas; comunicación, presentación, representación y negociación efectivas; habilidad para trabajar, tanto individualmente como dentro de un equipo; participación, capacidad de liderazgo y delegación; pensamiento crítico y sentido de la responsabilidad; autoconfianza, evaluación y auto-evaluación, ya que es esencial determinar los puntos fuertes y débiles de uno mismo y de un proyecto, así como evaluar y asumir riesgos cuando esté justificado (manejo de la incertidumbre y asunción y gestión del riesgo).

El área contribuye a la **competencia de aprender a aprender** mediante el conocimiento de sí mismo y de las propias posibilidades y carencias como punto de partida del aprendizaje motor desarrollando un repertorio variado que facilite su transferencia a tareas motrices más complejas. Ello permite el establecimiento de metas alcanzables cuya consecución genera autoconfianza. Al mismo tiempo, los proyectos comunes en actividades físicas colectivas facilitan la adquisición de recursos de cooperación.

Desde este área se contribuye en cierta medida a la **competencia digital** en la medida en que los medios informáticos y audiovisuales ofrecen recursos cada vez más actuales para analizar y presentar infinidad de datos que pueden ser extraídos de las actividades físicas, deportivas, competiciones, etc. El uso de herramientas digitales que permitan la grabación y edición de eventos (fotografías, vídeos, etc.) suponen recursos para el estudio de distintas acciones llevadas a cabo.

El área también contribuye en cierta medida a la adquisición de la **competencia en comunicación lingüística**, ofreciendo gran variedad de intercambios comunicativos, del uso de las normas que los rigen y del vocabulario específico que el área aporta.

b) Objetivos de **Etapa**:

El deporte está claramente citado en el objetivo "**k**": "*Valorar la higiene y la salud, aceptar el propio cuerpo y el de los otros, respetar las diferencias y utilizar la educación física y el deporte como medios para favorecer el desarrollo personal y social*".

c) Objetivos de **Área**:

El deporte es mencionado en dos de los objetivos, aunque está también relacionado con otros. Por ejemplo, el 4: "*Adquirir, elegir y aplicar principios y reglas para resolver problemas motores y actuar de forma eficaz y autónoma en la práctica de actividades físicas, deportivas y artístico expresivas*". También el 8: "*Conocer y valorar la diversidad de actividades físicas, lúdicas y deportivas como elementos culturales, mostrando una actitud crítica tanto desde la perspectiva de participante como de espectador*".

d) **Contenidos**:

- **Bloque 4**, "*El juego y el deporte escolar*": desarrolla contenidos sobre la realización de diferentes tipos de juegos y deportes entendidos como manifestaciones culturales y sociales de la motricidad humana. El juego, además de ser un recurso recurrente dentro del área, tiene una dimensión cultural y antropológica.

Así pues, la iniciación deportiva tendrá un carácter abierto y participativo, sin discriminación de ningún tipo, tendrá unos objetivos globales, no únicamente motrices, y evitará la excesiva importancia que se le suele dar al resultado.

a) **Evaluación**: Sobre todo, los criterios 3, 4, 8 y 13, sin olvidarnos de otros.

C. 3. Resolver retos tácticos elementales propios del juego y de actividades físicas, con o sin oposición, aplicando principios y reglas para resolver las situaciones motrices, actuando de forma individual, coordinada y cooperativa y desempeñando las diferentes funciones implícitas en juegos y actividades.

C. 4. Relacionar los conceptos específicos de educación física y los introducidos en otras áreas con la práctica de actividades físico deportivas y artístico expresivas.

C. 9. Opinar coherentemente con actitud crítica tanto desde la perspectiva de participante como de espectador, ante las posibles situaciones conflictivas surgidas, participando en debates, y aceptando las opiniones de los demás.

C. 13. Demostrar un comportamiento personal y social responsable, respetándose a sí mismo y a los otros en las actividades físicas y en los juegos, aceptando las normas y reglas establecidas y actuando con interés e iniciativa individual y trabajo en equipo.

Algunos ejemplos de **estándares**, son:

3.2. Realiza combinaciones de habilidades motrices básicas ajustándose a un objetivo y a unos parámetros espacio-temporales.

4.3. Distingue en juegos y deportes individuales y colectivos estrategias de cooperación y de oposición.

9.4. Reconoce y califica negativamente las conductas inapropiadas que se producen en la práctica o en los espectáculos deportivos.

13.5. Acepta formar parte del grupo que le corresponda y el resultado de las competiciones con deportividad.

La ley 17/2007, de 10 de diciembre, de Educación de Andalucía (L. E. A.). B. O. J. A. nº 252, de 26/12/07, indica en su artículo 51, sobre "*la promoción del deporte en la edad escolar*", que "*la Consejería competente en materia de educación promocionará la implantación de la práctica deportiva en los centros escolares en horario no lectivo, que tendrá, en todo caso, un carácter eminentemente formativo*". Este mismo documento legislativo, en el artículo 50.3, indica que "*los centros docentes de educación infantil, educación primaria y educación secundaria ofrecerán, fuera del horario lectivo, actividades extraescolares que aborden aspectos formativos de interés para el alumnado. Asimismo, fomentarán actuaciones que favorezcan su integración con el entorno donde está ubicado*".

Por otro lado, es preciso que mencionemos a la Orden de 6 de abril de 2006 de la Consejería de Educación de la Junta de Andalucía, por la que se **regula** la organización y el funcionamiento de los centros docentes públicos autorizados para participar en el programa "**El deporte en la escuela**". En resumen, regula la actividad física y deportiva, recreativa y competitiva, realizada con carácter voluntario por escolares, en horario no lectivo, desde su incorporación a la Educación Primaria hasta la finalización del período de escolarización obligatoria.

Tiene, entre sus objetivos, fomentar la adquisición de hábitos permanentes de actividad física y deportiva, utilizar el deporte como elemento de integración del alumnado de necesidades educativas especiales, influir en el clima del centro, ayudando a la integración de colectivos desfavorecidos, como inmigrantes o deprimidos socioeconómicos, entre otros, y hacer de la práctica deportiva un instrumento para la adquisición de valores como la solidaridad, la colaboración, el diálogo, la tolerancia, la igualdad entres sexos, el juego limpio (VV. AA. 2008).

Las modalidades deportivas básicas del programa son baloncesto, balonmano, fútbol sala y voleibol, como deportes colectivos, y atletismo y ajedrez, como deportes individuales. Las categorías abarcan desde los pre benjamines -7 y 8 años- hasta los cadetes -15 y 16 años. Los equipos serán femeninos, masculinos y mixtos (VV. AA., 2006).

El programa se completa con otras dos vertientes: los Encuentros Deportivos Escolares de Andalucía (EDEA), y los Encuentros Deportivos de Residencias Escolares, de periodicidad anual.

La O. de 05/11/2014, modifica la de 03/08/2010, por la que se regulan los servicios complementarios de la enseñanza de aula matinal, comedor escolar y actividades extraescolares en los centros docentes públicos, así como la ampliación de horario (BOJA nº 233, de 28/11/2014).

2.3. APORTACIONES EDUCATIVAS DEL DEPORTE.

a) **Aportaciones en valores**.

Uno de los aspectos que más destacan del deporte educativo es la educación en **valores**, habida cuenta que éstos forman parte importante de cualquier proyecto social y educativo (Ortega y Mínguez, 2001). Debemos inculcar al alumnado una serie de valores o conductas que les permitan en el futuro ser unos ciudadanos más solidarios, democráticos y comprometidos socialmente (Álvarez Medina, 2011).

Es preciso que desde la escuela reivindiquemos el potencial humanizador del deporte. Basándonos en una concepción integral y armónica del ser humano, observamos muchas virtudes humanistas que presenta el fenómeno deportivo, incidiendo de manera especial en su dimensión axiológica y psicosocial. La praxis deportiva, **bien encauzada desde el principio**, puede proporcionarnos unos **valores claves** en el proceso de construcción personal, en nuestro camino de educación moral y social: espíritu lúdico y competitivo; voluntad, coraje, esfuerzo, perseverancia, disciplina, jovialidad, humildad, confianza, cooperación, solidaridad, etc. son valores alcanzables con una iniciación adecuada (Turro, 2013).

Dada la **pasión** deportiva que tiene habitualmente el alumnado, hace que el aprendizaje lo interiorice mucho mejor, aumente su atención o su capacidad de procesar la información que se les transmite. Se sienten a gusto aprendiendo, quieren saber más, quieren mejorar. Debemos utilizar esta característica para que **aprendan**

valores y normas de socialización que van a poder generalizar a otros ámbitos de su vida y que van a ayudar a formar la personalidad que se está desarrollando y que poco a poco irá mostrándonos qué adultos van a ser (Roldán, 2015).

La práctica deportiva con los escolares debe ayudar al **desarrollo integral** de éstos. El deporte puede ser un medio de gran valía siempre que el docente sepa quitarle los "vicios o contaminaciones" del deporte competitivo: ganar como sea, violencia, trampas, presión, discriminación, rendimiento, rigidez, disciplina extrema, etc. El deporte escolar debe ser lo contrario. González Lozano (2001), expone la siguiente tabla de "valores y contravalores" que tiene el deporte en función de cómo se **oriente** el mismo.

VALORES	CONTRAVALORES
- Salud y socialización - Recreación y creación - Libertad y solidaridad - Constancia, no violencia y paz	- Violencia y manipulación - Consumismo - Triunfalismo - Dopaje

b) **Aportaciones específicas de los deportes individuales**.

No debemos olvidar que el deporte es otro medio más en la educación del alumnado, pero no todos los deportes aportan lo mismo. Dependerá de sus características. Siguiendo a Giménez, (2003), destacamos:

- Conocimiento de las posibilidades y limitaciones propias
- Espíritu de sacrificio y superación, además del autocontrol y la responsabilidad
- Desarrollo del autoconcepto y autoestima
- Buen medio para mejorar la condición física

c) **Aportaciones específicas de los deportes colectivos**.

El deporte cumple con el valioso deber de ofrecer una estructura lúdica, que es capaz de conectar el microcosmos **personal** con el macrocosmos **social** (Paredes, 2003).

Giménez (2003), citando a Cagigal (1979) y otros, indica las siguientes:

- **Mecánicas**. A mayor conocimiento técnico-táctico de las acciones motrices de cada deporte, mayor preparación para dar solución a los problemas motrices que se planteen.
- **Psicomotrices**. Hay mejoras en la condición física y motriz de los practicantes. Los tres mecanismos del acto motor (percepción, decisión y ejecución), están presentes en el deporte, aunque en los individuales (atletismo, natación, etc.) tienen menor riqueza que los colectivos (baloncesto, fútbol, etc.)
- **Morales**. Superación de situaciones de fatiga, incomodidad, etc. Respeto a las reglas, compañeros y contrarios. El juego limpio, la cooperación, etc.
- **Superación ante la derrota**. Es otra experiencia básica para las relaciones diarias.
- **Aportaciones intelectuales**. Búsqueda de nuevas soluciones a los problemas

que se planteen; la capacidad de observación, comprensión y análisis... Acceso a uno de los bienes culturales más característicos de nuestra época.

d) **Aportaciones específicas de los deportes de adversario**.

- Gran riqueza **motriz** y mejora de los aspectos **cognitivos**
- Desarrollo de la **velocidad** y perfeccionamiento de las habilidades **perceptivas**
- Eliminación de **tensiones** (función catártica)

3. DEPORTES INDIVIDUALES Y COLECTIVOS MÁS PRESENTES EN LA ESCUELA: ASPECTOS TÉCNICOS Y TÁCTICOS MÁS ELEMENTALES; SU DIDÁCTICA.

Giménez, (2003), basándose en autores tales como Weineck, Manno y Hernández Moreno (1995), entre otros, indica que **técnica individual** es "*la realización de un gesto deportivo por parte de un solo jugador, de la forma más correcta posible y sin la influencia de factores que puedan influir en la realización del acto motor*". Son los fundamentos prácticos de un deporte. Por ejemplo, tiro libre en baloncesto. Hay autores que distinguen entre técnica individual y colectiva.

Táctica se suele definir como la organización de los jugadores en sus acciones ofensivas y defensivas. Por ejemplo, disponer a los seis jugadores de campo, en Balonmano. Hay autores que especifican entre táctica individual y colectiva, así como estrategia. Ésta suele definirse como las acciones que realiza un equipo a partir de reiniciar el juego a balón parado. Por ejemplo, al sacar un golpe franco indirecto en fútbol-11.

Didáctica, desde un punto de vista etimológico significa el arte de enseñar. No obstante, también podemos decir que es considerada una ciencia porque investiga y experimenta, nuevas formas y técnicas de enseñanza, que adaptamos según las necesidades del contexto. La de nuestra área es distinta a la de las demás, habida cuenta los contenidos que debemos enseñar, el tipo de "aula" que usamos, el movimiento, etc.

3.1. DEPORTES INDIVIDUALES. ASPECTOS TÉCNICOS Y TÁCTICOS ELEMENTALES. SU DIDÁCTICA.

Los deportes individuales (psicomotrices para algunos autores), tienen unas particularidades y ejecuciones de gestos muy cerradas que no dan lugar a destacar aspectos comunes entre los mismos. **Atletismo, Natación** y **Gimnasia Artística** son muy diferentes entre sí: técnicas, pruebas, el medio, los implementos que utilizan, las exigencias físicas y el reglamento por el que se rigen.

Lo más **destacable** es que se compite contra uno mismo o contra un cronómetro, cinta métrica, etc.

a) **Características de los deportes individuales**.

- Gran protagonismo de la técnica individual y de la condición física.
- Planteamiento táctico muy concreto y específico de la especialidad.
- Se usan móviles variados: jabalina, halteras, vallas, etc., aunque en algunas especialidades únicamente se utiliza el propio cuerpo.

- La acción es solitaria. No hay influencias de compañeros.

b) **Aspectos técnicos de los deportes individuales más presentes en la escuela**.

ATLETISMO.

- **Carreras**. Las hay de velocidad, medio fondo, fondo y gran fondo. En su aprendizaje técnico hay que incidir en la frecuencia, potencia y amplitud de la zancada, así como en la coordinación específica de todos los movimientos. En Primaria nos interesa que el alumnado aprenda a correr, la habilidad de la carrera (De Castro, 2016).
- **Saltos**. Son de altura (incluye pértiga) y longitud (incluye triple). En su trabajo hay que destacar la carrera de aceleración, batida, parábola de vuelo y caída.
- **Lanzamientos**. Los hay de rotación, por ejemplo el disco y en traslación, por ejemplo la jabalina. Los aspectos técnicos a matizar, son la fase de desplazamiento, aceleración, desprendimiento, trayectoria del móvil y frenado.
- **Pruebas Combinadas**. Mezcla de las anteriores, por ejemplo decatlón.

NATACIÓN.

Resalta el hecho de practicarse en el medio acuático, lo que le da unas peculiaridades muy específicas. Poco a poco el número de instalaciones públicas en Andalucía hace que la posibilidad de practicarla como actividad curricular o extracurricular sea más frecuente.

Los **estilos** de la Natación deportiva son: crol, espalda, braza y mariposa. Estas cuatro técnicas requieren el mismo proceso de aprendizaje con las fases siguientes:

Posición corporal → Movimiento de brazos → Movimiento de piernas → Respiración → Coordinación de lo anterior.

Como **principios** en la enseñanza de la Natación se contemplan a:

Familiarización → Flotación → Respiración

GIMNASIA ARTÍSTICA.

Tanto la masculina como la femenina se basan -sobre todo- en saltos, suspensiones, equilibrios, y giros/volteos de todo tipo acompañados de gran dominio corporal (coordinación y equilibrio).

La Gimnasia **Rítmica**, únicamente femenina, además del ajuste del propio cuerpo debe tener en cuenta los móviles que utiliza (pelota, cuerda, maza, aro...) y la coordinación de gestos con el resto del grupo en caso de hacer esta especialidad de equipo. Independientemente de todo esto, la base se encuentra en la percepción rítmica.

Su iniciación escolar debe centrarse en los ejercicios de suelo: volteos, equilibrios y enlaces, así como la iniciación a los saltos, todo ello con las debidas **precauciones**.

c) **Aspectos Tácticos de los deportes individuales más presentes en la escuela**.

Tienen un desarrollo táctico muy escueto. Se trata, normalmente, en la distribución razonable de la condición física y motriz del actuante durante el transcurso de la prueba. No olvidemos que el alumnado de primaria suele ser muy generoso en el esfuerzo, lo que le lleva a "vaciarse" desde un principio sin pensar en la duración de la prueba, sobre todo en aquellas que son de resistencia. En muchos casos la táctica de los deportes individuales tiene como finalidad **conseguir ventajas**, por ejemplo, la cuerda o zona interna de una calle de atletismo, seguir hasta un determinado punto en el pelotón, etc. (De Castro, 2016). En cambio, las acciones tácticas para **evitar desventajas** se basan en reaccionar prontamente a las acciones de los contrarios.

3.1.1. SU DIDÁCTICA.

Ante todo debemos pensar en las características psico-biológicas del alumnado, intereses, etc. antes de afrontar el aprendizaje. Siguiendo a Sánchez-Bañuelos, (1990) y a Zagalaz, Cachón y Lara (2014), la metodología a emplear en la iniciación a los deportes individuales o psicomotrices se basa en estas fases:

1ª.- **Presentación** global del deporte. Informar sobre reglas, objetivos, etc.

2ª.- **Familiarización** perceptiva. Conocer las características más básicas, dónde se practica, espacios, tipos, etc.

3ª.- Enseñanza de **modelos técnicos** de ejecución. Aprender la técnica en el momento oportuno. Ejecución de ejercicios técnicos. Se hará un tipo de práctica global, analítica o mixta, según las circunstancias.

4ª.- **Integración** de los modelos técnicos en las situaciones básicas de aplicación. El alumnado debe comprender la utilidad de cada fundamento. Plantear situaciones próximas a la situación real.

5ª.- Formación de los **esquemas** básicos de decisión (cuándo y de qué manera se emplean las técnicas aprendidas) o fase de la táctica individual y de la articipación cognitiva.

Todo ello debemos tratarlo a través de juegos simples.

3.2. DEPORTES COLECTIVOS. ASPECTOS TÉCNICOS Y TÁCTICOS ELEMENTALES. SU DIDÁCTICA.

Los deportes de equipo, debido a los **componentes** que los constituyen, tienen mucha importancia en la educación **motriz** de nuestro alumnado. Es un conjunto de dos o más personas que interactúan de forma dinámica, interdependiente y adaptativamente, con respecto a un objetivo y donde cada componente tiene un rol concreto que debe coordinar con los demás (Álvarez Medina, 2011).

a) **Características de los deportes colectivos**.

Blázquez (2013), cita a Bayer (1986) las analiza así:

1.- **Móvil** para lanzarlo, botarlo, pasarlo, golpearlo, etc.

2.- **Terreno** de juego donde se desarrolla la acción y que está limitado por líneas.

3.- **Meta** para defender o atacar, poner o lanzar el balón y conseguir punto.

4.- **Compañeros** que nos ayudan para progresar con el balón y para defender nuestra meta.

5.- **Adversarios** a los que hay que superar y ganar.

6.- **Reglamento** que es preciso respetarlo para el buen desarrollo del juego.

Otros autores llaman a los puntos anteriores la "**estructura formal**" y a la acción del juego la "**estructura funcional**", es decir, la interrelación entre los elementos anteriores, técnica y táctica; ataque y defensa; cooperación y oposición entre los jugadores.

El juego está determinado por la posesión o no del **balón**. El equipo que posee el balón es el atacante. El equipo que no lo tiene en su poder es el defensor.

En función de ello, Ruiz, García y Casimiro (2001) indican tres **objetivos** básicos en el juego:

EQUIPO EN POSESIÓN DEL BALÓN	EQUIPO SIN POSESIÓN DEL BALÓN
- Conservarlo - Progresar hacia la meta contraria - Conseguir punto o tanto	- Recuperar el balón - Impedir el avance del contrario - Defender la portería propia

Cada deporte, según sus características reglamentarias, intentará conseguir estos objetivos de forma **distinta**. Los reglamentos **condicionan** espacios, zonas prohibidas, limitadas, etc.

b) **Aspectos técnicos y tácticos de los deportes colectivos más presentes en la escuela**.

En unas tablas los resumimos:

FÚTBOL SALA	BALONMANO
- Características y reglamento - **Elementos técnicos ofensivos**: . Manejo de balón, toque, conducción, control, tiro, remate, fintas. - **Elementos técnicos defensivos**: . Interceptaciones (entrada, desvío, cortes). . Carga, anticipación, acoso, repliegue - Técnica específica del portero - **Aspectos tácticos**: . Defensa individual: Anticipación; Marcaje; . Organización de ataque: desmarques, rombo y cuadrado.	- Fundamentos del juego. Reglamento. - Posiciones de base: ofensiva y defensiva - **Elementos técnicos básicos**: . Forma de coger el balón, recepción; . Desplazamiento con balón, pase, bote; . Lanzamiento, finta, blocaje, técnica específica del portero. - La defensa: recuperar balón, evitar gol. - El ataque: conseguir gol, ocupar los espacios libres - **Táctica ofensiva**: 3-3; etc. - **Táctica defensiva**: 6-0; 5-1; etc.

VOLEIBOL	BALONCESTO

- Fundamentos del juego. Reglamento.
- **Técnica individual**:
- Posiciones básicas: media, alta y baja.
- Desplazamientos:
  . Doble paso
  . Pasos laterales
  . Carrera
- El saque:
  . Bajo
  . Tenis
  . Flotante
- Toque de dedos:
  . Adelante
  . Atrás
  . Lateral
- Remate
- Bloqueo
- Toque de antebrazos
- Caídas y planchas
- **Táctica**:
  . 3-1-2; 3-2-1
- **Táctica de recepción**:
  . W
  . Semicírculo
	- Fundamentos del juego. Reglamento
	- **Técnica individual de ataque**:
	. Dominio del balón, posición básica de ataque, desplazamientos, cambio de ritmo, paradas en 1 y 2 tiempos, dribling, recepción del balón.
	. Pases: pecho, bote, béisbol, etc.
	. Tiro: estático y en suspensión
	. Fintas, rebote
	- **Técnica individual defensiva**:
	. Posición básica y desplazamiento; marcaje; interceptación; tapón; defensa individual
	- **Técnica colectiva de ataque**:
	. Bloqueo, pantalla
	- Técnica colectiva de defensa: defensa del bloqueo, ayuda y recuperación.
	- **Táctica individual de ataque**:
	. Cortes, pantalla.
	- **Táctica individual de defensa**: Ayuda.
	- **Táctica colectiva de ataque**: acciones de ataque, contraataque, sistemas de ataque.
	- **Táctica colectiva de defensa**: zona individual, mixta.
	. Defensa del contraataque

Nota:

En Primaria hay que expresarlos en su versión "mini": Mini-Basket, Mini-Voley, Fútbol-7, etc. Además, escogeremos los elementos más fundamentales.

3.2.1. SU DIDÁCTICA.

La utilización del deporte en la escuela viene **justificada** por la mejora de todos los **ámbitos** de la persona: cognitivo, afectivo, psico-social y motor y por las **peculiaridades** del alumnado de **Tercer Ciclo** de Primaria, que son las adecuadas para iniciar el proceso de enseñanza deportiva adaptada a sus características biológicas y psicológicas (Chinchilla y Romero, 1995).

a) **Etapas en la iniciación deportiva.**

Iniciación deportiva es el "*periodo en el que el individuo empieza a aprender de forma específica la práctica de un deporte*" (Blázquez, 2013), aunque en parecidos términos se expresan Zagalaz, Cachón y Lara (2014) y Avella, Maldonado y Ram, (2015). En cambio, si seguimos a Delgado (1994), la iniciación "*es un proceso que dura desde el aprendizaje inicial y su progresivo desarrollo, hasta que el educando pueda aplicar lo aprendido a una situación real de juego de forma eficaz*".

Giménez (2003), indica una serie de puntos a tener en cuenta a la hora de iniciar al alumnado a los deportes colectivos:

- Enseñar los contenidos básicos con un aprendizaje variado, sin especialización
- Empezar entre los 8 y 10 años, siempre y cuando tengan una buena base motriz

En la bibliografía especializada existen muchos modelos de etapas para la iniciación. En realidad, lo que difiere son los apelativos de aquéllas y las sub-etapas que comprende. Por ejemplo, Feu e Ibáñez (2001), nombran a Jolibois (1975), Sánchez (1986), Hahn (1988), Pintor (1989), Antón (1990), Torrescusa (1992), Díaz (1995), Viciana (1997), Hernández Moreno (2000), Álvarez Medina (2011), Blázquez (2013), Soriano (2015)…

La mayoría de autores convienen que en la iniciación se dan **tres fases**:

ETAPA	IDEA GLOBAL	CRITERIO GENERAL	OBJETIVOS	METODO DE TRABAJO
Inicio o Básica 8 a 10 años	No es imprescindible pensar en la técnica deportiva. Los elementos técnicos forman parte del cúmulo general de actividades.	Desarrollo de las habilidades básicas y genéricas. Sin especificar.	Conseguir un alto nivel psicomotor.	- Educación Física de Base. - Método Natural - Juegos.
Desarrollo 11 a 14 años	Utilización de los elementos no complejos de la técnica deportiva, los más simples. Enseñanza global.	Progresar en dificultades dentro de la coordinación para conseguir la ejecución de la técnica estándar de los elementos fundamentales.	Conseguir la asimilación de los elementos básicos. Saber ejecutarlos.	- Educación Física - Juegos. - Ejercicios de aprendizaje.
Perfecci o-namiento + de 15 años	Perfeccionar los elementos más simples e introduciendo los más complejos. Se introduce la competición como elemento educativo.	Seguir la progresión lógica dentro de cada técnica. Información sobre las bases teóricas de la ejecución.	Perfeccionar los elementos básicos. Conseguir un buen nivel de ejecución. Conocimiento de los elementos que rodean al deporte.	- Juegos competitivos - Ejercicios de asimilación. - Ejercicios de perfecciona miento.

En la tabla anterior podemos observar que la iniciación puede producirse mucho **antes** que el sujeto tome contacto con el deporte concreto, por ejemplo al aprender la destreza del bote, indirectamente está aprendiendo el bote en baloncesto (Hernández Moreno, 2000).

Giménez (2000) incorpora un cuadro-resumen con las clasificaciones de las etapas, sub-etapas y sus edades que hacen algunos autores:

SÁNCHEZ BAÑUELOS	PINTOR	SÁENZ-LÓPEZ Y TIERRA
Iniciación 9 - 13 a.	1ª E. de iniciación 8 -12 a.	1ª E. Formación básica 0 - 4
		2ª E. Formación básica 4 – 7
	2ª E. de iniciación 12 - 14 a.	1ª E. Iniciación deportiva 7 – 10
		2ª E. Iniciación deportiva 10-12
Desarrollo 14 - 20 a.	1ª E. Perfeccionamiento 14 -18 a.	1ª E. Perfeccionamiento 12-16
	2ª E. Perfeccionamiento 18 - 22 a	2ª E. Perfeccionamiento 16-19
Perfeccionamiento 21 - 30 a.	Alta especialización 22 - 30 a.	E. de Máximas prestaciones +19

La iniciación deportiva precoz es un fenómeno nuevo que se origina por la rentabilidad política de los resultados, y se agrava con los intereses comerciales (Personne, 2005).

No podemos olvidar que hoy día la iniciación deportiva en la escuela tiene un componente de "**presión social**" muy grande (Soriano, 2015). Ciertas familias desean que sus hijos se inicien a los 5 ó 6 años con objeto de saber si tienen un "talento" deportivo en casa (Cañizares y Carbonero, 2007).

b) **La enseñanza de los deportes colectivos**.

A partir de 1990 llegan nuevos modelos de enseñanza del deporte como alternativa al tradicional o técnico, vigente desde siempre (Robles, 2009). A partir del modelo Vertical, centrado en el juego (sobre un solo deporte), ya no se recurre a la técnica como elemento central sino al juego simplificado y al mini-deporte, tanto para el aprendizaje técnico como táctico (Álvarez Medina, 2011).

b.1) **Métodos tradicionales o técnicos**.

Están construidos sobre la base del entrenamiento deportivo y son de escasa rentabilidad pedagógica y didáctica. Se basan en **repetir** continuamente el modelo propuesto por el docente hasta su automatización (Castejón y otros, 2013). El aislamiento de la ejecución crea situaciones artificiales que, niñas y niños, inmersos en la fase de operaciones concretas, no son capaces de asimilar porque les parece carente de lógica. Además, hay mucho **directivismo** por parte del docente, con explicaciones detalladas y enfocadas a la ejecución, quedando la creatividad del alumnado anulada. Es llamado "método del puzzle", porque cada día se automatiza analíticamente una "pieza" sin que ésta tenga ligazón con las demás. (Ruiz García y Casimiro, 2001).

b.2) **Métodos activos o globales**.

Aquí, al contrario que antes, la práctica deportiva no es una suma de técnicas, sino un sistema de **relaciones** entre los elementos del juego, lo que permite determinar la estructura de estas actividades. Si las pedagogías tradicionales ponen su énfasis en los elementos técnicos y gestuales, en las activas destacan las **relaciones** que se establecen entre estos elementos (Castejón y otros, 2013). La fundamentación de esta corriente metodológica se basa en el paradigma ecológico del aprendizaje motor y en los modelos de aprendizaje constructivista y significativo aplicados a la Educación Física (Ruiz, García y Casimiro, 2001). Para ello, Blázquez (2013), señala una serie de principios:

- Partir de la **totalidad** y no de las partes.
- Comenzar desde la **situación real** o de juego.
- El educador deberá enfrentar al practicante, de forma individual o grupal, con situaciones **problema** entroncadas en las actividades deportivas.
- Los gestos técnicos corresponden a un comportamiento **general o grupal** (deportes colectivos).

Esta concepción toma en consideración al **juego** como elemento fundamental, a partir de la cual se elabora todo el proceso didáctico, **rechazando** el modelo adulto y su descomposición (Ortega, 2015). La actividad practicada por el niño o niña debe ser siempre el punto de partida, tanto si aquélla nace del seno del grupo, como si es propuesta por el docente. El **progreso** se efectúa por **reorganización de estadios** (Ortega, 2015).

Esta metodología de la iniciación deportiva postula una técnica de enseñanza (información inicial y conocimiento de resultados), que debe favorecer la **autonomía** y la **creatividad** del alumnado, por lo que debe basarse en la **indagación** y no inducir al alumnado a situaciones preestablecidas (Martínez y Díaz, 2008).

Entre las diversas propuestas metodológicas actuales que se engloban en esta "línea activa", destacamos a dos grandes modelos (Lozano, 2012):

- **Modelos Verticales** (Contreras y García, 2011).

La enseñanza de un deporte debe ser especializada desde sus inicios. Son aquellos que se plantean para una sola especialidad deportiva, atendiendo a las peculiaridades que la diferencian de otras.

Empieza su enseñanza por los gestos más sencillos, como el pase y la conducción, aplicada en juegos reales **reducidos** o **simplificados**, donde aparecen otros elementos de orden táctico como el marcaje y la ocupación del espacio, para pasar a una segunda fase en la que se trabaja a través de la aplicación de mini deportes. Finalmente el proceso termina con el aprendizaje específico del deporte estándar. Si algún practicante tiene problemas de tipo técnico en alguna de las fases, pasaremos a un modelo analítico de enseñanza fuera del juego de forma eventual, hasta el punto en que el alumno logre superar el objetivo planteado en el punto en el que se detuvo el proceso.

- **Modelos Horizontales** (Contreras y García, 2011).

Los deportes de equipo poseen unos elementos **comunes** que permiten una acción pedagógica genérica, capaz de facilitar la práctica de cada especialidad deportiva (Devís, 1996). Este modelo consiste en agrupar esos fundamentos iguales de los deportes para obtener una progresión coherente y eficaz en su aprendizaje. De esta forma, deportes como baloncesto y balonmano, o tenis y bádminton, tendrían una primera fase de aprendizaje general o común (Bengué, 2005). El docente debe hacer previamente análisis profundo de aquellos elementos constantes que se dan en los deportes a practicar para construir una estructura pedagógica para la iniciación deportiva (Blázquez, 2013).

Dentro de los modelos Horizontales destacamos **dos corrientes**: "Reflexiva y Comprensiva"

- **C. Reflexiva** (Blázquez, 2013 y Lasierra y Lavega, 1993).

Sigue la tradición alemana de Mahlo y Döbler y la francesa de Claude Bayer y Parlebas, entre otros, de los lamados pre-deportes y deportes reducidos. Tiene en cuenta las características del grupo, maduración, experiencias previas, etc. y sus aspectos más significativos son que la técnica y la táctica se deducen de las situaciones de juego, y la evolución se produce de forma contextualizada.

Tras explicar escuetamente las reglas más básicas, empieza con un juego real y global en situación reducida, si bien a medida que sigue la acción se introducen nuevas reglas. Posteriormente se para con objeto de que los jugadores propongan organizaciones tácticas; después se vuelve a jugar, y esta cadencia se repite sucesivamente.

- **C. Comprensiva** (Devís y Peiró, 1992).

Se pretende que el alumno conozca la naturaleza de los juegos deportivos a partir de la clasificación de Almond (1986): juegos de diana (bolos); de bate y campo (béisbol); cancha dividida y red (bádminton) y juegos deportivos de invasión (fútbol). Cada grupo de estos juegos tiene similitudes sobre tácticas, interacciones entre compañeros y contrarios, etc. Estos autores propugnan una enseñanza integrada de cada uno de estos conjuntos, es decir, lo contrario de los modelos verticales (Méndez y Fernández-Río, 2009). Velázquez (2011) y Castejón y otros (2013) indican la necesidad de buscar nuevas vías y formas de investigación al aplicar esta corriente, que puedan aumentar el conocimiento sobre los procesos de enseñanza deportiva que tienen lugar en los centros escolares. Por su parte, Díaz del Cueto y Castejón (2011), exponen las dificultades que manifiesta el profesorado con experiencia para la implementación de la enseñanza comprensiva, por lo que en muchas ocasiones no sigue este modelo.

El enfoque comprensivo establece las siguientes **fases**:

- Fase 1. Juegos deportivos modificados. Enseñanza de fundamentos tácticos a través de juegos deportivos modificados: de blanco, de cancha dividida, etc.
- Fase 2. Transición. Práctica combinada de juegos modificados, de situaciones de juego y de mini deportes.
- Fase 3. Introducción a los deportes estándares. Enseñanza específica de las modalidades deportivas escogidas.

- **Modelo de Blázquez (2013)**

Blázquez (2013), indica un "**método común**" para la enseñanza deportiva escolar. Tras explicar las reglas más básicas, comienza el "**juego simple**", siempre con pocos alumnos. Después de unos minutos se para y el docente propone unas "**situaciones pedagógicas o de enseñanza**", es decir, juegos de aplicación a determinados aspectos técnicos-tácticos, por ejemplo el pase, donde los alumnos pueden opinar y proponer soluciones. Se observa y discute por el grupo. Después se vuelve a la actividad con un "**juego global evolucionado**", que es el juego anterior pero con las mejoras producidas al aplicar la "situación pedagógica". De nuevo se para y el docente vuelve a proponer otros juegos aplicados a otros aspectos, por ejemplo el bote, que se observa, se practica y discute entre todos. Después se vuelve a practicar un "juego global evolucionado" y así sucesivamente.

Debemos destacar la metodología de su enseñanza, que en los últimos años ha pasado de ser la habitual o tradicional basada en el análisis de todos los gestos a una más globalizada y basada en la práctica lúdica y simplificada de la especialidad deportiva que se trate desde el primer momento.

Por otro lado, recalcar la motivación intrínseca que tienen todos los contenidos deportivos en la Etapa Primaria.

El deporte, adaptado, que debemos hacer en la escuela es el que sea más habitual en el entorno y del que dispongamos instalaciones y recursos móviles. Enseñaremos aquellos elementos técnicos y tácticos más elementales y así olvidarnos del modelo del "campeón".

También es de acentuar la importancia de observar previamente que el alumnado tenga adquiridas sus habilidades perceptivas, básicas y genéricas.

CONCLUSIONES

A lo largo del Tema hemos visto el deporte y la iniciación deportiva en Primaria. Debemos destacar la metodología de su enseñanza, que en los últimos años ha pasado de ser la habitual o tradicional basada en el análisis de todos los gestos a una más globalizada y basada en la práctica lúdica y simplificada de la especialidad deportiva que se trate desde el primer momento.

El juego deportivo es un recurso imprescindible en esta etapa como situación de aprendizaje, acordes con las intenciones educativas, y como herramienta didáctica por su carácter motivador. Las propuestas didácticas deben incorporar la reflexión y análisis de lo que acontece y la creación de estrategias para facilitar la transferencia de conocimientos de otras situaciones.

Por otro lado, recalcar la motivación intrínseca que tienen todos los contenidos deportivos en la Etapa Primaria.

El deporte, adaptado, que debemos hacer en la escuela es el que sea más habitual en el entorno y del que dispongamos instalaciones y recursos móviles. Enseñaremos aquellos elementos técnicos y tácticos más elementales y así olvidarnos del modelo del "campeón".

También es de acentuar la importancia de observar previamente que el alumnado tenga adquiridas sus habilidades perceptivas, básicas y genéricas.

BIBLIOGRAFÍA

- ÁLVAREZ MEDINA, J. (2011). *Los deportes colectivos: teoría y realidad. Desde la iniciación al rendimiento*. Prensas Editoriales de Zaragoza. Zaragoza.
- AVELLA, R.; MALDONADO, C.; RAM, S. (2015). *Entrenamiento deportivo con niños*. Kinesis. Armenia (Colombia).
- BAYER, C. (1986). *La enseñanza de los juegos deportivos colectivos*. H. Europea. Barcelona.
- BENGUÉ, L. (2005). *La enseñanza de los deportes de equipo*. INDE. Barcelona.
- BLÁZQUEZ, D. (1986). *Iniciación a los deportes de equipo*. Martínez Roca, Barcelona.
- BLÁZQUEZ, D. (1995). *Métodos de enseñanza en la práctica deportiva*, en BLÁZQUEZ, D. et al. (1995). *La Iniciación deportiva y el deporte escolar*. INDE. Barcelona.
- BLÁZQUEZ, D. (2001). *La Educación Física*. INDE. Barcelona.
- BLÁZQUEZ, D. (2013). *Iniciación a los deportes de equipo*. INDE. Barcelona.
- CAGIGAL, J. Mª. (1979). *Cultura intelectual y cultura física*. Kapelusz. Buenos Aires.
- CAÑIZARES, J. Mª y CARBONERO, C. (2007). *Temario de Oposiciones de Educación Física para Primaria*. Wanceulen. Sevilla.
- CASTEJÓN, F. -coor.- (2003). *Iniciación deportiva. La enseñanza y el aprendizaje comprensivo en el deporte*. Wanceulen. Sevilla.
- CASTEJÓN, F. J. y otros. (2013). *Investigaciones en formación deportiva*. Wanceulen. Sevilla.
- CHINCHILLA, J. L. y ROMERO, O. (1995). *Iniciación Deportiva en Educación Primaria*. Encasa. Málaga.
- CONTRERAS, O. R. y GARCÍA, L. M. (2011). *Didáctica de la Educación Física. Enseñanza de los contenidos desde el constructivismo*. Síntesis. Madrid.
- DE CASTRO, A. (2016). *"El atletismo en la escuela a través de la Educación Física"*. Narcea Ediciones. Madrid.
- DELGADO, M. A. (1994). *La actividad física en el ámbito educativo*. En Gil, J. y Delgado, M. A. (1994). *Psicología y Pedagogía de la actividad física y el deporte*. Siglo XXI. Madrid.
- DEVIS, J. y PEIRÓ, C. (1992). *Nuevas perspectivas curriculares: la salud y los juegos modificados*. INDE. Barcelona.
- DEVIS, J. y PEIRÓ, C. (1995). *Enseñanza de los deportes de equipo: la comprensión en la iniciación de los juegos deportivos*. En BLÁZQUEZ, D. *La iniciación deportiva y el deporte escolar*. INDE. Barcelona.
- DEVIS, J. Y SÁNCHEZ, R. (1996) *La enseñanza alternativa de los juegos deportivos: antecedentes, modelos actuales de iniciación y reflexiones finales*. En MORENO, J. A. y RODRÍGUEZ, P. L. (comps). *Aprendizaje deportivo*. Universidad de Murcia. Murcia.
- DÍAZ DEL CUETO, M. y CASTEJÓN, F. (2011). *La enseñanza comprensiva del deporte: dificultades del profesorado en el diseño de tareas y en la estrategia de pregunta-respuesta*. Revista Tándem, nº 37, págs. 31-41. Madrid.
- EXPÓSITO, J. (2006). *El juego y el deporte popular, tradicional y autóctono*. Wanceulen. Sevilla.
- FEU, S. e IBAÑEZ, S. (2001). *La planificación de objetivos y contenidos en la iniciación deportiva en la edad escolar*. En Libro de Actas del IV Congreso Internacional sobre la enseñanza de la Educación Física y el Deporte escolar, p.p. 573-578. Santander.
- GIMÉNEZ, F. J. (2000). *Fundamentos básicos de la Iniciación Deportiva en la escuela*. Wanceulen. Sevilla.

- GIMÉNEZ, F. J. (2003). *El Deporte en el marco de la Educación Física.* Wanceulen. Sevilla.
- GÓMEZ MORA, J. (2003). *Fundamentos biológicos del ejercicio físico.* Wanceulen. Sevilla.
- GONZÁLEZ LOZANO, F. (2001). *Educar en el deporte.* CCS. Madrid.
- HERNÁNDEZ MORENO, J. (1995). *Fundamentos del deporte. Análisis de la estructura del juego deportivo.* INDE. Barcelona.
- HERNÁNDEZ MORENO, J. (Dir.) (2000). *La iniciación a los deportes desde su estructura y dinámica.* INDE. Barcelona.
- JUNTA DE ANDALUCÍA (2007). Ley 17/2007, de 10 de diciembre, de Educación de Andalucía (L. E. A.). B. O. J. A. nº 252, de 26/12/07.
- JUNTA DE ANDALUCÍA (2015). *Decreto 97/2015, de 3 de marzo, por el que se establece la ordenación y las enseñanzas correspondientes a la Educación primaria en Andalucía.* B. O. J. A. nº 50, de 13/03/2015.
- JUNTA DE ANDALUCÍA. (2015). *Orden de 17 de marzo de 2015, por la que se desarrolla el currículo correspondiente a la Educación Primaria en Andalucía.* B. O. J. A. nº 60, de 27/03/2015.
- JUNTA DE ANDALUCÍA (2006). *Orden de 6 de abril, por la que se regula la organización y el funcionamiento de los centros docentes públicos autorizados para participar en el programa "El deporte en la escuela".* BOJA nº 84, de 05/05/2006.
- JUNTA DE ANDALUCÍA (2010). *Orden de 03 agosto de 2010, por la que se regulan los servicios complementarios de la enseñanza de aula matinal, comedor escolar y actividades extraescolares en los centros docentes públicos, así como la ampliación de horario.* BOJA núm. 158 de 12/08/2010.
- JUNTA DE ANDALUCÍA (2014). *Orden de 05/11/2014, por la que se modifica la de 3 de agosto de 2010, por la que se regulan los servicios complementarios de la enseñanza de aula matinal, comedor escolar y actividades extraescolares en los centros docentes públicos, así como la ampliación de horario.* (BOJA nº 233, de 28/11/2014).
- LASIERRA, G. y LAVEGA, P. (1993): *1015 juegos y formas jugadas de iniciación a los deportes de equipo.* Paidotribo. Barcelona.
- LOZANO, J. R. (2012). *Hándbol, la enseñanza del deporte a través del método global.* Paidotribo. Barcelona.
- M.E.C. (2013). *Ley Orgánica 8/2013, de 9 de diciembre, para la mejora de la calidad educativa.* BOE Nº 295, de 10/12/2013.
- M. E. C. (2006). *Ley Orgánica 2/2006, de 3 de mayo, de Educación (L. O. E.).* B. O. E. nº 106, de 04/05/2006, modificada por la LOMCE/2013.
- M. E. C. (2010). *Real Decreto 132/2010, de 12 de febrero, por el que se establecen los requisitos mínimos de los centros que impartan las enseñanzas del segundo ciclo de la educación infantil, la educación primaria y la educación secundaria.* B.O.E. nº 62, de 12/03/2010.
- M. E. C. ECD/65/2015, *O. de 21 de enero, por la que se describen las relaciones entre las competencias, los contenidos y los criterios de evaluación de la educación primaria, la educación secundaria obligatoria y el bachillerato.* B.O.E. nº 25, de 29/01/2015.
- MARTÍNEZ, A. y DÍAZ, P. (2008). *Creatividad y deporte.* Wanceulen. Sevilla.
- MÉNDEZ, A. y FERNÁNDEZ-RÍO, J. (2009). *Modelos actuales de Iniciación Deportiva.* Wanceulen. Sevilla.
- NAVARRO, V. (2007). *Tendencias actuales de la Educación Física en España. Razones para un cambio.* (1ª y 2ª parte). Revista electrónica INDEREF. Editorial INDE. Barcelona. http://www.inderef.com
- ORTEGA, P. (2015). *Sesiones de voleibol desde el juego modificado.* Pila Teleña. Madrid.

- ORTEGA, P. y MÍNGUEZ, R. (2001). *Los valores en educación*. Ariel. Barcelona.
- PARLEBÁS, P. (1988). *Elementos de sociología del deporte*. Unisport. Málaga.
- PAREDES, J. (2003). *Teoría del Deporte*. Wanceulen. Sevilla.
- PERSONNE, J. (2005). *El deporte para el niño*. INDE. Barcelona.
- PROYECTO EDELVIVES (1994). *Libro del profesor, 3º Ciclo*. Edelvives. Zaragoza.
- RIERA, J. (2005). *Habilidades en el deporte*. INDE. Barcelona.
- ROBLES, J. (2009). *Tratamiento del deporte dentro del Área de Educación Física durante la etapa de Educación Secundaria Obligatoria en la provincia de Huelva*. Tesis doctoral. U. de Huelva.
- ROLDÁN, E. (2015). *¿Entrenas o educas?*. MC SPORTS. Pontevedra.
- RUIZ, F.; GARCÍA, A. y CASIMIRO, A. J. (2001). *La iniciación deportiva basada en los deportes colectivos*. Gymnos. Madrid.
- SÁENZ-LÓPEZ, P. (2002). *La Educación Física y su Didáctica*. Wanceulen. Sevilla.
- SÁNCHEZ BAÑUELOS, F. (1992). *Bases para una didáctica de la Educación Física y el Deporte*. Gymnos. Madrid.
- SEIRUL.LO, F. (1995). *Valores educativos del deporte*. En BLÁZQUEZ, D. *La iniciación deportiva y el deporte escolar*. INDE. Barcelona.
- SORIANO, M. (2015). *El deporte en la infancia. Enseñar, entrenar y competir sin dejar de aprender, educar y disfrutar*. INDE. Barcelona.
- TURRO, G. (2013). *El valor de superarse. Deporte y Humanismo*. Proteus. Barcelona.
- VELÁZQUEZ, R. (2011). *El modelo comprensivo de la enseñanza deportiva*. Revista Tandem, nº 37, págs. 7-19. Madrid.
- VV. AA. (2006). *El Deporte en la Escuela*. En Actas del IV Congreso Nacional Deporte en la Edad Escolar. P. M. D. Ayuntamiento de Dos Hermanas.
- VV. AA. (2008). *Educación en valores a través de deporte*. Wanceulen. Sevilla.
- WERNER, P. y ALMOND, L. (1990). *Models of games education*. Journl of Physical Education, Recreation and Dance, 41 (4): 23-27.

WEBGRAFÍA (Consulta en octubre de 2015).

http://www.agrega2.es
http://recursos.cnice.mec.es/edfisica/
http://www.ite.educacion.es/es/recursos
www.juntadeandalucia.es/educacion/descargasrecursos/curriculo-primaria/incex.html
http://www.gobiernodecanarias.org/educacion/webdgoie/
http://www.educarex.es/web/guest/apoyo-a-la-docencia
http://www.educa2.madrid.org/educamadrid/servicios
http://www.educa.jccm.es/educa-jccm/cm/recursos
http://www.educa.jcyl.es/profesorado/es/recursos-aula
http://www.educastur.es
http://www.adideandalucia.es
http://recursostic.educacion.es/primaria/ludos/web/index.html

www.ingramcontent.com/pod-product-compliance
Lightning Source LLC
Chambersburg PA
CBHW080924180426

43192CB00040B/2684